7가지
마음
상자
이야기

7가지

마음
상자 이야기

우울한 마음에서
벗어나게 하는 심리학

박수희·이원재·정종식 지음
김하나·이혜림 그림

pazit

차례

2장 자기 비난 상자

모든 문제가 나의 잘못이라 생각하고
스스로에게 벌을 주는 삶을 살아가는 인생

5장 무조건 네네 상자

**다른 사람의 말을 의심 없이 다 받아들이며 고립되어
늘 정보가 부족한 상태**

7장 무한 생각 상자

너무 생각에만 집중한 나머지 행동은 하지 못하는 상태로
기본적으로 폐쇄된 세계에 갇혀 생각만 무한히 반복하는 상태

◆

프롤로그

어떤 사람도 자신의 기분을 계속 우울하고 힘든 상태로 내버려 두고 싶어 하지 않을 것입니다. 하지만 아무리 시간이 지나도 기분이 나아지지 않거나 도무지 해결의 실마리를 찾을 수 없을 때, 우리는 왠지 꼼짝달싹하지 못하고 있다고 느낍니다. 그리고 자신의 마음을 좁은 상자에 가둔 채 더욱 힘들어하게 됩니다.

이런 마음의 문제를 풀기 위해 재정심리학, 코칭심리학, 실천심리학을 기반으로 심리상담을 하는 세 명의 상담가가 모여 이야기를 나누게 되었습니다.

"요즘 마음이 힘든 사람들이 많지요?"

"많아요. 코로나 팬데믹으로 더 심해진 것 같아요."

"상담을 하다 보면 내담자들이 자기 문제에 너무 갇혀 있는 것 같지 않나요?"

"맞아요. 뭔가 자기 자신을 좁은 상자에 가두고 괴로워하는 것 같아요."

"그 상자를 열고 나오면 좋을 텐데…."

이러한 대화를 나누다가 상담 현장에서 만나왔던 분들이 갇혀 있는 마음의 상자를 7개로 나누게 되었습니다. 그리고 실제 사례를 들어 상자에서 탈출할 수 있는 방법을 구체적으로 소개하기로 하였습니다.

이 책을 쓰기로 저자들이 합의한 후, 가장 신경 썼던 부분은 어떻게 하면 심리학을 어렵지 않게 설명하면서 쉽고 실제적으로 각 사례에 대한 문제 해결 방법을 담아낼 수 있을지였습니다.

물론 상담은 이론과 개인의 상황에 따라 개입 방법이 각각 다르지만 실제 상담 과정 속에서 오고 가는 상담자와 고객과의 대화를 통해 독자가 책 속의 고객의 입장이 되어 상담자의 질문을 자신에게 던져보는, 즉 셀프 카운슬링을 할 수 있도록 하는 것이 이 책의 가장 큰 목적입니다.

책에는 각 상자의 특징과 자신을 점검해볼 수 있는 체크리스트를 시작으로 각 상자에 대한 이해와 탈출을 도울 Tip, 그리고 각 장마다 펼쳐지는 다양한 일러스트 그림을 통해 단숨에 재미있고 흥미롭게 다음 장으로 안내할 것입니다.

이 책은 상담 현장에서 활용할 수 있는 다양한 방법들을 소개하고 있습니다. 누구나 자신의 마음을 이해하고 돌볼 수 있는 '마음관리 전문가'가 되는 데 필요한 지혜의 열쇠가 될 것입니다.

공저자 일동

1장

거짓 가면 상자

"내가 아닌 나의 모습으로 살아가는 인생"

거짓 가면 상자
열어보기

극단 '이루'에서 초연한 '나는 지금 나를 기억한다'라는 독특한 연극이 있습니다. 연극 안에 연극이 있고, 배우가 관객이 되고 관객이 어느새 배우가 되는 독특한 연극입니다.

이 연극에서 여배우가 마임을 하면서 계속 가면을 바꿔 쓰다가 나중에는 자신의 진짜 얼굴을 잊고 자신의 본모습을 찾기 위해 처절하게 절규하는 것으로 연극은 마무리됩니다. 인간의 이중성에 대해 깊이 고민하게 하는, 신선한 충격을 주는 연극입니다.

그런데 현실에서 이 연극의 여배우처럼 가면을 바꿔 쓰다가 자신의 본모습을 잃고 절규하며 상처 입은 마음으로 살아가는 사람들이 있습니다. 다른 한편으로 힘든 경험을 하게 되면, 그 고통스러운 현실을 회피하기 위하여 자기 자신을 거짓으로 위장하여 보여주려고 하는 경우가 있습니다.

특히, 유소년기에 인정받지 못하고 자존감이 떨어지면, 무의식적으로 자기 자신을 위장하는 경향이 있습니다. 이것은 마치 상자의 표면을 자기답지 않은 색으로 칠하거나 그림을 그려서 멋있게 보이려고 하는 것과 같은 행위입니다.

실제로 자기 자신은 회색인데 다른 사람들이 싫어할 것 같아서 상자를 핑크색으로 칠하는 것입니다. 그러면 일시적으로 핑크색으로 인정받게 되고 칭찬받게 될 수는 있습니다. 원래 자신의 색인 회색으로 칭찬받거나 비난받는 일은 없어졌습니다. 그리고 마음 한구석에는 핑크로 위장된 것이 진짜 자신이라고 인식하고 있습니다. '위장된 자신'을 연출하면서 진정한 자신을 드러내지 않게 되면, 점점 자신감을 잃게 됩니다. 왜냐하면 자신의 진정한 색인 회색으로 칭찬받을 기회가 영원히 봉쇄되기 때문입니다.

'가면'이 부정적이기만 할까요?

인간은 살면서 천 개의 가면을 바꿔 쓰면서 살고 있다고 합니다. 저자의 경우에도 아들로서의 가면, 남편으로서의 가면, 회사원으로서의 가면, 친구들 모임에서 주도적일 때와 슬쩍 낄 때의 서로 다른 가면 등등 수많은 가면을 바꿔 쓰고 있습니다. 이 가면을 다르게 표현하면 역할이라고 할 수 있겠지요. 인간은 누구나 자신의 역할에 맞는 얼굴(가면)로 살아가는 것이 자연스럽다고 생각합니다.

역할이 바뀌면 중국 연극의 변검처럼 순간적으로 가면을 바꿔 쓰게 됩니다. 이것은 자신의 역할을 충실하게 수행하는 것이라고 할 수 있습니다.

그러나 거짓 가면 상자에서 문제가 되는 것은 자신을 위장하여 잘 보이려고 하거나, 주위의 기대나 분위기에 휩쓸려 하고 싶지도 않은 일(역할)을 해야 하는 것이 괴로워 마음에 고통이 생기는 것입니다. 지나치게 상대방을 배려하고 맞추다가 자기 자신의 정체성을 잃는 경우가 있습니다.

빨간 크레용으로 변신한 파란 크레용

'거짓된 자기 자신'의 모습으로 살아가는 거짓 가면 상자에 갇혀 있는 사람의 고충을 저는 이런 이야기를 예로 들어 설명합니다.

영희에게는 빨간 크레용과 파란 크레용이 있습니다. 영희는 빨간색을 매우 좋아합니다. 그래서 그림을 그릴 때는 늘 빨간색만 사용합니다. 파란 크레용은 자신의 처지가 슬프고 괴로웠습니다. 그래서 빨간색으로 변신을 시도했습니다. 그랬더니 영희는 변신한 파란색을 빨간색으로 알고 사용하기 시작했습니다.

그러던 어느 날, 친구인 철수가 놀러 왔습니다. 그런데 철수는 파란색을 좋아해서 파란 크레용을 찾았지만, 파란 크레용은 빨간색으로 변신했기 때문에 빨간 크레용만 선택할 수밖에 없었습니다. 그래서 철수는 할 수 없이 빨간 크레용을 가지고 놀았습니다. 그러나 파란 크레용은 철수의 마음을 모릅니다. 파란색이 없어서 할 수 없이 빨간색으로 그림을 그렸지만, 파란 크레용은 철수도 빨간색만 좋아한다고 착각했습니다.

파란 크레용은 변신한 자기를 영희와 철수가 사용해주기는 하지만 기쁘지 않습니다. 그리고 '나는 가치가 없어!'라고 낙담만 하고 있습니다. 그러면서도 매일 자신의 원래 색인 파란색은 감추고 빨간색으로만 살아가고 있습니다.

가면을 쓰고 살아가면 점점 자신감을 잃게 됩니다.

이 이야기의 파란 크레용처럼 우리는 인간관계에서 뭔가 꼬이면 현실도피를 위하여 거짓된 자기 자신을 연출하는 가면을 쓰고 거짓 가면 상자에 갇혀버리게 됩니다. 파란 크레용처럼 가면을 쓰고 살아가면 진정한 자기 자신으로 칭찬받을 수 없으며, 자신의 가치를 인정받을 수 있는 기회도 영원히 얻지 못합니다. 만일 가면을 벗고 자신의 진짜 모습을 드러내면 상처를 받기도 하고 인간관계가 엉망이 될지도 모른다는 두려움 때문에 거짓 가면 상자에서 빠져나오지 못합니다.

누군가와 확실한 신뢰관계를 구축하고 싶다면 소통하는 방법을 바꾸어야 합니다. 상대방을 처음부터 100퍼센트 이해한다는 것은 불가능합니다. 서로 조금씩 자신의 생각과 가치관을 전하고 이해하면서 소통하면 인간관계에 신뢰가 쌓입니다.

거짓 가면 상자에 갇혀 있는 사람은 이런 과정을 회피하기 때문에 문제가 발생하는 것입니다. 지금까지 해왔던 자신의 소통 방식을 재검토할 필요가 있습니다.

나를 점검해보기

아래의 체크 리스트로 점검해보시기 바랍니다.

4~5개를 체크했다면 거짓 가면 상자에 빠져 있을 가능성이 크다고 볼 수 있습니다.

3개는 약간 위험한 상태입니다.

1~2개는 비교적 안심할 수 있지만 심해지지 않도록 주의해야 합니다.

[체크 리스트]

☐ 사람들에게 칭찬을 받아도 기쁘지 않다.

☐ 자신의 진짜 모습을 보이는 것이 두렵다.

☐ 사람들 앞에서는 당당한 척하지만, 실제로는 늘 자신감이 없다.

☐ 누군가가 나를 비난하거나 과소평가하면 과도하게 화를 내는 경향이 있다.

☐ 사소한 일이라도 다른 사람들이 나를 어떻게 평가하는지 늘 신경이 쓰인다.

거짓 가면 상자
들여다보기

"이제 더 이상 분위기 메이커 역할은 끝!"

무리하게 가면을 쓰고 살아가면 자신감을 잃는다.
진정한 자신을 보여줄 때 자신의 인생이 시작된다.

　자기 안에 여러 사람이 살고 있는 것 같다고 호소하는 사람이 있습니다. 간혹 영화에서나 볼 수 있는 '다중인격자'처럼 사람들과 신나게 어울리다가도 갑자기 사람을 피하거나, 대중 앞에서 자신감 있는 모습을 보이다가도 갑자기 의기소침해지기도 합니다.

현실과 상상을 구분하지 못하거나 환각, 환청, 망상과 같은 증상이 있는 환자가 아니더라도 적지 않은 일반인이 이런 경험을 합니다. 평범한 우리에게도 여러 마음과 모습이 있다는 것을 알 수 있습니다.

하지만 이런 모습이 자연스럽게 나타나는 것이 아니라 싫은데도 불구하고 억지로 연기를 하게 된다면 문제가 될 수 있습니다. 자신의 진정한 모습을 감추고 가짜 역할을 계속하게 되면, 점점 '거짓 가면 상자'에 갇히게 되고 가짜 역할을 하느라 진정한 자기 자신을 잃어버리게 됩니다.

준형 씨는 얼마 전에 이직을 하여 새로운 직장에 다니고 있습니다. 어느 날 팀의 분위기가 엉망이었을 때 조직에 잘 녹아들어야 한다는 생각에 밝고 활기찬 모습으로 농담도 하면서 분위기를 끌어올렸습니다. 그랬더니 팀장이 "오! 대단한데. 준형 씨가 우리 팀에 오니 확실히 달라졌는데? 타고난 분위기 메이커야! 앞으로도 준형 씨 덕분에 우리 팀이 엄청 달라지겠는걸?" 하며 팀원들 앞에서 칭찬했습니다.

그 후로는 '팀의 분위기를 끌어올리는 분위기 메이커'를 연기해야만 하는 상황이 되고 말았습니다. 그러나 준형 씨는 원래 주도적이거나 밝고 활발한 성격이 아니고, 오히려 혼자 조용히 있는 것을 즐기는 성격입니다. 그럼에도 회식을 할 때마다 앞에 나서서 분위기를 띄우거나 회식 자리를 주도해야 하는 역할을 해야만 했습니다. '상사와 팀원들의 기대에 부응해야지!'라는 생각에 늘 억지로 자신이 아닌 모습을 연출하다 보니 완전히 지치고 말았습니다.

준형 팀 분위기를 늘 좋게 만들려고 열심히 연기하다 보니 이제는 완전히 지쳤습니다.

상담자 연기라고 하셨는데 그럼 지금 회사에서 활동하는 모습이 원래 자신의 모습이 아닌 건가요?

준형 네, 원래 제 모습이 아닙니다.

상담자 그렇군요. 주위의 기대에 부응하기 위하여 본인의 원래 모습은 감추고 억지로 연기하는 것이군요.

준형 그렇습니다. 그렇게 하지 않으면 상사나 팀원들이 싫어할 것 같아서 밝고 명랑한 캐릭터로 연기하고 있는 것입니다.

상담자 그러다 보니 연기하고 있는 준형 씨가 칭찬받아도 진정한 자기가 아니기 때문에 그다지 기쁘지 않겠네요?

준형 그렇지만 연기하고 있으면 무시당하지도 않습니다.

상담자 그것이 바로 포인트예요. 진짜 내 모습을 보이면 무시받나요? 무시받는다는 어떤 증거도 없지요? 설령 진짜 내 모습으로는 무시받는다고 느낀다면 왜 그렇게 느끼는지 객관적으로 검토하고, 본인이 어떻게 대처하는 것이 스스로 유능감을 얻을 수 있을지 찾아보는 것은 어떨까요? 그러면 자신감도 얻게 되고 억지로 연기하면서 살아갈 필요도 없게 됩니다.

ONE POINT LESSON

겉으로는 잘 모르지만 주위의 눈치를 보면서 가면을 쓰고 연기를 하며 살아가는 사람들이 있습니다. 이런 모습이 자기 자신을 지키는 것처럼 보이지만, 긴 안목으로 보면 일생을 고민하면서 힘들게 살아갈지도 모르는 위험이 있습니다.

'거짓 가면 상자'는 이런 말로 자신을 속입니다.

'네가 얼마나 창피한지 잘 봐!', '너는 쓸모 없는 존재야. 그러니 빨리 멋진 가면을 쓰고 연기를 해!', '너의 진짜 모습을 보면 사람들이 너를 무시하고 우습게 여길 거야. 절대 벗지 마!'라고 말이지요. 이렇게 거짓 가면 상자가 자신에게 속삭일 때 '무슨 소리야! 나는 나야! 있는 그대로의 내 모습을 보여주면서 살 거야!'라고 당당하게 외침으로써 진정한 자신의 인생이 시작됩니다.

CASE 2

"저를 좋아해주는 사람은 많은데 왜 행복하지 않을까요?"

다른 사람을 기쁘게 해주는데도 여전히 행복하지 않다.
무엇보다 나 자신을 먼저 사랑하는 것이 우선되어야 한다.

부드럽게 미소를 지으며 상담실의 문을 열고 들어온 사람은 30대 초반의 은영 씨입니다. 은영 씨는 이유를 알 수 없는 우울감이 오래되었다고 합니다. 중소기업에서 대리로 일하면서 사람들과의 관계도 나쁘지 않고, 주말에는 자기계발을 위해 영어회화도 배우고 있다고 합니다.

상담자 '우울하다'라고 느끼는 상황이 있다면 주로 언제일까요?

은영 밖에 나갔다 와서 집에 혼자 있을 때, 처음엔 그냥 아무렇지 않다가 조금 지나면 힘이 쭉 빠지면서 슬퍼지거나 '왜 이렇게 살지?' 하는 생각이 들다가 점점 기분이 무거워지고 눈물도 나고….

상담자 '왜 이렇게 살지?'라는 것은 어떻게 산다는 거죠?

은영 그냥 저도 저를 잘 모르겠어요. 사람들하고 있을 때는 기분이 좋은 것처럼 떠들고…. 저랑 함께 있는 사람이 기분이 안 좋아 보이면 계속 그 사람이 신경이 쓰여서 기분을 풀어주려고 애쓰는데, 제가 아무리 노력해도 기분이 풀어지지 않는 것처럼 보이면 집에 와서도 계속 신경 쓰이고 그래요. 사람들은 제가 밝고 친절하다고 하는데 사실 저는 그렇지 않거든요.

상담자 그렇지 않은 은영 씨의 진짜 모습은 어떤데요?

은영 그걸 정말 모르겠어요. 제 진짜 모습이 뭔지….

은영 씨의 부모님은 은영 씨가 어릴 때부터 심하게 다투셨습니다. 특히 아버지는 할아버지를 무서워했고 자신이 불효자라고 자책하며 어떻게든 할아버지의 요구를 거스르지 않으려고 했다고 합니다. 그러다 보니 어머니와 다툼이 많아지게 되었고, 은영 씨가 밥을 잘 먹지 않아 건강이 나빠지자 아버지는 어머니의 탓으로 돌리면서 싸움이 점점 더 커졌습니다. 그러다가 섭식문제가 나아지지 않고 밥을 거부하는 은영 씨의 모습에 예민해진 아버지는 소리를 지르고 상을 뒤엎기도 해서 그때마다 은영 씨는 무서웠다고 합니다. 그때만 빼고 아버지는 은영 씨와 잘 놀아주고 책도 읽어주고 대화도 자주 했습니다.

그런 아버지에 비해 어머니는 매번 짜증을 부리거나 평소에 신경질적으로 은영 씨를 대했기 때문인지 어머니보다는 아버지를 더 좋아하게 되었습니다. 그러다 보니 아버지가 화가 날 것 같다 싶으면 가서 애교를 떨거나 아버지를 안아주면서 어떻게 하면 아버지의 기분을 좋아지게 할 수 있는지 신경을 많이 쓰게 되었습니다.

아버지가 언제 화를 낼지 몰라 항상 긴장했지만 그래도 자신이 조금 더 잘 웃고 신경 써 주면 아버지의 표정이 풀리는 것에 마음이 편해졌습니다. 그리고 그렇게 할 때마다 무언가 자신이 잘하고 있다고 느꼈습니다.

은영 씨는 학교생활이나 사회생활을 하면서도 어떻게 하면 다른 사람의 환심을 사는지를 잘 알게 되었고, 함께 있는 사람이 불편해하거나 힘들어하는 것을 보면 왠지 자신이 무언가 해줘야 한다고 생각하게 되었습니다. 그런 은영 씨는 자기도 모르게 사람들을 만날 때마다 표정과 말투에 신경 쓰게 되고 상대방의 안색을 줄곧 살피다 보니 결국 집에 들어오면 탈진 상태가 되었습니다.

은영 씨는 상대의 기분이 안 좋다고 느낄 때 자신이 그 사람의 기분을 좋게 해줘야 한다는 생각이 자동적으로 든다고 합니다. 그리고 그때부터 신경이 쓰이고 그 사람의 마음이 편해지면 비로소 자신도 편해짐을 느낍니다. 이렇게 사람들의 기분을 맞춰주고 있는 자신의 모습이 진짜가 아니라는 생각이 들면서 '그럼 나의 원래 모습은 어떤 모습이지?'라는 생각을 하게 된 것입니다.

ONE POINT LESSON

은영 씨는 사실 마음이 따뜻하고 감수성이 풍부하며 애정과 동정심이 많은 사람입니다. 그러다 보니 세상이 아름다웠으면 하는 마음으로 모든 사람이 심리적으로도 편안하길 바라는 마음을 가지고 있습니다.

은영 씨는 부모님의 기분을 너무 맞추며 살다 보니 지금도 다른 사람의 기분을 맞추려고 하는 것 아닌가라고 생각하면서 이런 우울감이 가정환경 때문이라고 생각하게 될 때마다 더 우울해졌다고 합니다.

하지만 사실 부모의 사이가 안 좋다고 해서 모든 자녀가 다 부모의 기분을 맞추기 위해 애를 쓰지는 않습니다. 같은 상황이나 환경이라도 사람마다 다른 방식으로 반응합니다. 그리고 이 반복되는 반응의 패턴을 기질이라고 합니다.

은영 씨는 본능적으로 다른 사람의 기분이 파악되고, 심리적으로 불편함을 느끼게 되면 무엇이 필요한지 살피게 되는 기질을 타고났습니다. 타인에 대한 애정 어린 관심이나 사랑과 배려가 의식하지 않아도 자동적으로 발현됩니다. 이렇게 다른 사람을 배려하는 마음 또한 은영 씨만의 재능이라고 할 수 있습니다.

이런 기질을 가진 분들의 경우 자신의 감정과 욕구보다는 타인의 감정과 욕구에 더 민감하기 때문에 어릴 때부터

착하고 순하다는 이야기를 듣고 자랍니다. 그래서 정서적 안정을 깨뜨리는 환경에 놓이게 되면 자신의 감정을 숨기게 되고 점점 자신의 진짜 모습이 아닌 '거짓 가면'을 쓰고 살아가기 쉽습니다.

따라서 이런 기질의 자녀를 둔 부모의 경우 부모가 원하는 방법을 제시하기 전에 먼저 자녀의 의견이나 감정을 물어봐주고 감정을 알아차릴 시간을 제공해주는 것이 중요합니다. 그러면 감성적인 기질의 자녀는 자신의 마음 상태를 들여다보게 되고 자신의 감정이 어떤 것인지 알게 되어 자신이 원하는 것에 집중할 수 있게 됩니다.

은영 씨는 지금까지 다른 사람을 기분 좋게 해줘야 하는 사람이었다면 앞으로는 누구보다 자신을 먼저 기분 좋게 해주는 사람이 되어야 합니다. 상대방의 표정과 마음을 이해하기보다 먼저 자기 자신의 마음에 물어보고 자신의 마음을 이해해봅니다. "너는 이렇게 하는 게 편하니?", "너는 지금 정말로 어떻게 하고 싶니?" 하고 물어봐줍니다. 그러면 처음엔 잘 안 들릴 수도 있습니다. 여태껏 자신의 마음에 물어봐준 적이 없으니까요. 하지만 계속 물어보다 보면 은영 씨의 마음 어딘가에서 작은 소리로 대답이 들릴 것입니다. 그리고 자주 물어보다 보면 이젠 명확한 소리로 정말로 원하는 것이 무엇인지 나의 마음이 대답해줄 것입니다.

CASE 3

"도저히 정리정돈이 안 돼요!"

'~하고 싶지만 도저히 안 되는 나'는 실제 존재하지 않는다.
자기 자신이 진정으로 하고 싶은 것이 무엇인가를 생각해보자!

정리정돈을 못 하는 문제로 고민하는 사람들이 의외로 많이 있습니다. '~를 할 수 없다'라는 고민은 '거짓으로 꾸민 자기', '또 다른 자기'라고 하는 거짓 가면 상자에 갇혀 있기 때문에 발생하는 것입니다.

주희 씨의 책상 위에는 언제나 서류가 산더미처럼 쌓여 있습니다. 눈사태가 나는 것처럼 옆자리로 무너져내릴 정도입니다. 주희 씨는 신경이 쓰여 서류를 정리해보려고 하지만 도저히 정리가 안 됩니다. '정리하려고 하는데 잘 안 된다'는 말을 몇 번이나 반복하면서도 주희 씨는 책상을 정리하지 못합니다.

어느 날 상사가 책상이 너무 어지럽혀 있는 것을 보고 "책상 좀 정리하세요!"라고 지시했습니다. 그녀는 어쩔 수 없이 정리하려고 했지만, 결국 정리하지 못하고 그 문제로 상담을 요청했습니다.

상담자 정리하고 싶어도 안 된다는 말씀이시지요?

주희 아무런 방해를 받지 않는데도 '책상을 정리하고 싶은 나'가 '책상을 정리하지 못하는 나'를 이기지 못합니다.

상담자 그래요? 그런데 한번 잘 생각해보세요. '책상을 정리하고 싶은 나'를 방해하고 있는 장벽이 진정으로 '책상을 정리하지 못하는 나'일까요?

주희 저는 그렇다고 생각합니다만….

상담자 '책상을 정리하지 못하는 나'는 어떤 나일까요? 한번 떠올려보시겠어요?

주희 '서류가 어지럽혀져 있는데도 점심 식사하러 가는 나', '일을 확실하게 마무리하고 다음 일을 하면 좋을 텐데 정리를 하지 않고 다른 업무를 시작하는 나'라는 생각이 듭니다.

상담자 정답에 가까워졌네요. '책상을 정리하지 못하는 나'가 아니라 '점심 식사를 빨리 하러 가고 싶은 나', '다음 업무를 빨리 시작하고 싶은 나'라는 생각이 들지는 않으신가요?

주희 말씀을 듣고 보니 '책상을 정리하고 싶은 나'를 방해하는 장벽은 '점심 식사를 빨리 하러 가고 싶은 나', '다음 업무를 빨리 시작하고 싶은 나'라는 생각이 들기도 합니다.

상담자 그렇습니다. '책상을 정리하지 못하는 나'는 실제 존재하지 않습니다. '정리하는 것 이외의 무언가를 빨리 하고 싶은 나'가 존재하는 것입니다. '빨리 놀러 가고 싶은 나'라든지 '빨리 업무 처리를 하고 싶은 나'일지도 모릅니다.

주희 책상 정리를 하고 싶어도 점심 식사를 하러 가버린다든지, 다른 업무를 시작해버리는 것이 문제가 되는 것이네요. 결국 '책상 정리를 하고 싶은 나'를 방해하는 장벽을 컨트롤하면 되는 것이네요. 뭔가 해결 방법이 보이는 것 같습니다.

상담자 그렇습니다. 책상 정리를 어떻게 하느냐의 문제가 아니라 '점심 식사를 어떤 식으로 잘 해결할 것인가? 다음 업무의 타이

밍을 어떻게 할 것인가?'를 잘 조정하면 문제가 해결될 수 있습니다.

7가지 마음상자 이야기

싶지만 도저히 하지 못한다'라는 굴레에서 해방될 수 있습니다.

─────── CASE 4 ───────

"난 유능한 사람이에요. 그런데 아니에요."

자신이 누구인지 잘 모른다.
자신이 이루고 싶은 모습을 위하여 현재에 집중하자.

당신은 사람들과 잘 지내기 위해 어떤 특별한 노력을 하나요? '사람들과 잘 지내기 위해 어떻게 하나요?'라고 물어보면 사람마다 자신의 방식대로 대답할 것입니다. 말을 예의 바르게 한다든가, 기념일을 챙겨준다거나, 관심을 직접적으로 표현한다든가 등등. 책이나 강연에서 이미 널리 알려진 인간관계를 좋게 하는 방법들을 사용한다고 하더라도 매번, 늘, 항상, 변함없이, 애쓰고 노력하면서 대인관계를 맺는다고 한다면 어떻게 느껴지시나요?

또한 단순히 사람들과 좋은 관계를 맺고 싶다는 욕구를 넘어 사람들이 나를 특별히 알아봐주었으면 좋겠고, 나에게 좀 더 신경을 많이 써주었으면 좋겠고, 주변에 나와 친해지고 싶어 하는 사람이 많았으면 하는 것에 온통 정신이 빼앗겨버리고 있다면 어떨까요?

성희 씨는 한 달 동안 벌써 3번이나 응급실에 실려갔습니다. 갑작스럽게 호흡이 가빠져서 숨이 막히는 것 같은 공포감에 쓰러지거나 손가락에서부터 시작해 온몸이 뻣뻣해지고 마비가 오는 증상에 놀라 응급실에 여러 번 가게 되었다고 합니다. 그리고 그 이유를 알지 못해 상담실을 찾아왔습니다.

상담자 최근에 어떤 갑작스러운 변화나 스트레스가 있었나요?

성희 지금 다니는 회사에서 사람들이 저를 유능하고 능력 있는 사람으로 봐요. 회사에서 최고의 인재로도 인정해주시고요. 제가 워낙 자신감이 있어 보여서 그런지 이번에 큰 프로젝트를 해보라고 해서 맡았는데, 그 일을 생각하면 가슴이 좀 막히고…. 하아~ 지금도 가슴이….

상담자 그 프로젝트를 떠올리면 어떤 생각이 드나요?

성희 어떻게 하지? 그냥 내가 없어져 버렸으면 좋겠다. 사실 그 일에 자신이 없어요.

상담자 아끼는 사람들이 성희 씨를 자신감 있어 보이고 유능하고 능력 있는 사람으로 보고 있고, 회사에서도 유능한 인재라고 인정받고 있다고 했는데, 지금은 본인이 자신이 없다고 하네요? 제가 어떻게 이해하면 좋을까요?

성희 사람들 앞에 서면 저도 모르게 사람들이 호감을 느낄 수 있는 사람이 되려고 하는 것 같아요. 그러다 보니 예전에 제가 한 일을 좀 부풀려 말하기도 해요. 저를 스카우트하려는 회사가 많았다, 친척 중에 유명한 사람이 있다든가. 완전히 거짓말은 아닌데 그냥 이야기를 하다 보면 사람들이 저에게 관심을 갖는 것을 느끼고, 그러다 보면 점점 과장되게 이야기하는 것 같아요.

상담자 성희 씨의 이야기를 듣고 사람들은 성희 씨를 자신감 있고 유능하고 멋진 사람으로 보게 되는군요. 그런데 성희 씨는 자신을 어떤 사람으로 생각하고 있나요?

성희 저도 그런 사람이 될 수 있다고 생각하고 있어요. 그런데 일을 하다 보면 생각처럼 되지 않고 결국 도망가 버리고 싶은 마음이 들었던 것 같아요.

성희 씨는 처음 회사에 들어가면 사람들에게 호감이나 기대를 받았습니다. 그런데 점점 일의 결과나 태도가 성희 씨가 말하는 모습과 차이가 나다 보니 피드백이 안 좋아졌고, 그때마다 도망가고 싶다고 느끼고 실제로 퇴사를 반복해왔습니다. 성희 씨가 자신을 포장하여 주변에 관심을 끌기 시작한 것은 초등학생 때부터입니다. 호기심이 많고 대화하는 것을 좋아했던 성희 씨는 야구를 하는 오빠에게만 관심을 주는 부모님과 말싸움을 많이 하게 되었고 말투가 버르장머리 없다고 자주 혼났다고 합니다. 특히 엄마는 끊임없이 불평하는 성희 씨와 대화를 거부하기도 하였고, 학교에서도 친구들에게 말을 함부로 하다 보니 싸움이 잦아졌고 왕따를 당했었다고 합니다. 그러다 보니 점점 친구가 없어졌는데 언제부터인가 자신에 대한 이야기를 잘 꾸며 포장해서 말하니 사람들이 관심을 보였고 친구도 생겼다고 합니다. 그러면서 성희 씨는 사람들이 관심을 가질 만한 사람으로 거짓된 또 다른 자기를 만드는 '거짓 가면 상자'에 갇히게 되었습니다.

성희 씨는 자신이 상상하고 만들어낸 '거짓 가면 상자'에 있으면 거부되었던 자신이 사람들에게 받아들여진다고 느껴지며 자신이 괜찮은 사람이라고 생각하게 되었습니다.

성희 씨는 이런 방법이 큰 문제라고는 여기지 않았다고 합니다. 왜냐하면 자신이 그렇게 말하면서 스스로도 능력 있고 유능한 사람이 될 것이라고 믿었고, 오히려 '그렇게 상상하고 그런 사람이 되는 것을 목표로 하면 좋은 것이 아닌가?'라고 생각했다고 합니다.

하지만 성희 씨의 문제는 그렇게 과장하게 꾸미면서 설정한 이상적인 모습에 도달하기 위하여 어떠한 노력을 하거나 실력을 쌓기 위해 애를 쓰지는 않았다는 것입니다. 점점 자신이 되고 싶고 바라는 이상적인 모습과 현실의 차이가 커질수록, 노력하기보다는 현실을 회피하게 되고 현실에서 자신의 모습을 인정하고 싶지 않게 되었습니다.

자신이 현재 무엇을 어떻게 해야 할지에 대한 문제 인식과 방법을 생각하기보다는 다른 곳으로 도망가고 싶은 마음이 먼저 들었습니다. 그래서 새로운 환경에서 다시 자신의 거짓 모습으로 관심을 받고 싶은 욕구를 더 많이 느끼게 되었고, 그것을 반복하게 되었습니다.

결국 성희 씨는 자신이 인정하고 싶지 않은 현실적인 모습을 마주하게 될 것 같다고 느껴지면 어딘가로 숨어버리고 싶어지고, 그런 압박감이 신체적인 증상으로 나타난 것 같습니다.

상담자 성희 씨는 유명인 중에 그렇게 되고 싶다거나 '아, 저 사람 진짜 멋지다'고 느끼는 사람이 있나요?

성희 네, 오프라 윈프리 같은 사람이요. 말도 잘하고 사람들에게 영향력도 끼치고, 유머도 있고, 똑똑하고….

상담자 그럼 기적이 일어나서 10년 후에 성희 씨가 오프라 윈프리 같은 사람이 되었다고 상상해볼까요? 10년 후 오프라 윈프리 같은 사람이 된 성희 씨는 무엇을 하고 있나요?

성희 인터뷰를 하고 있을 것 같아요. 제가 어떻게 성공했는지, 어떻게 어려움을 극복해왔는지….

상담자 그 인터뷰를 보는 사람들은 어떤 표정을 하고, 어떤 생각을 할까요?

성희 흐뭇한 표정을 지을 것 같아요. 힘을 얻는 듯한 느낌, 그리고 희망이 있구나! 하는 그런 생각이요.

상담자 그렇게 어려움을 극복하고 성공하여 사람들에게 희망을 주는 오프라 윈프리 같은 성희 씨는 어떤 것을 중요시하는 사람일까요?

성희 변화를 이루는 것이요. 사람들이 자신의 현재보다는 미래를 꿈꾸는 것을 중요하게 생각하는 사람이요.

상담자 사람들에게 희망을 주는 오프라 윈프리 같은 성희 씨가 사람

들이 변화를 이루며 자신의 현재보다는 미래를 꿈꾸게 하기

위해 어떤 능력이 필요할까요?

성희 우선 사람들이 저를 믿게 할 수 있는 신뢰감이 필요하고요. 그

리고 상대방을 먼저 잘 이해하는 능력, 그리고 사람들의 능력

을 파악해서 더 잘되는 방향으로 조언해줄 수 있는 전문지식

같은 것이요.

상담자 네, 좋아요. 성희 씨가 오프라 윈프리 같은 사람이 되기 위해

필요한 능력은 신뢰감과 사람에 대한 이해, 멘토링할 수 있는

전문성이네요. 그럼 이 세 가지 능력을 얻기 위해서 구체적으

로 어떻게 하면 될지 앞으로 함께 이야기해볼까요?

ONE POINT LESSON

이 사례의 경우 이상화한 자신의 모습을 부수려 한다거

나, 자신이 보고 싶지 않은 현재의 모습을 마주하게 하는

시도는 오히려 성희 씨를 힘들게 하거나 좌절하게 할 수

있습니다. 자신이 되고 싶고 바라는 모습에 구체적으로

가까이 갈 수 있는 기대감을 갖게 하고, 그 기대감을 원동

력으로 실현 가능한 계획을 세우도록 하는 것이 효과적입니다.

성희 씨는 충분히 좋은 에너지를 가지고 있지만 그 에너지를 지금까지는 사람들에게 관심을 갖게 하는 데 모두 사용하였습니다. 따라서 그 에너지를 자신이 이루고 싶은 모습을 구체적으로 실현할 수 있는 방향으로 전환할 필요가 있습니다. 비록 성희 씨가 오프라 윈프리와 같이 유명한 사람이 되지 못하더라도 중요한 것은 사람들에게 좋은 영향력을 끼치는 가치 있는 방향으로 한 걸음 내딛는 것입니다.

10년 후의 목표를 5년 후의 목표로, 5년 후의 목표를 1년 후로, 1년 후의 목표를 6개월 후의 목표로 구분해봅니다. 그래서 가장 가까운 목표에 집중하고 나아갈 때 비로소 '거짓 가면 상자'에서 빠져나올 수 있습니다. 너무 높고 비현실적인 자신의 모습에 집중하는 대신, 앞으로 한 걸음씩 그 꿈에 가까이 가고 있는 현재 자신에게 집중하게 될 때 더 이상 거짓된 모습은 필요 없게 됩니다.

거짓 가면 상자에서
탈출하기

지금까지의 사례에서 보듯이 '거짓 가면 상자'는 단어 그 의미대로 우리에게 '거짓'을 말합니다.

'지금 너의 모습은 형편없어. 다른 사람이 되어야 해!'라거나 '사람들이 좋아하는 모습으로 바꿔야 해!' 등과 같이 '나' 자신을 쓸모 없고 무가치하게 만드는 온갖 '거짓'을 계속 만들어냅니다. 하지만 사람들 대부분은 이런 말이 내면에서 들려올 때 '진실'인지 '거짓'인지 명확히 구분하기 어렵습니다.

내면의 소리가 '진실'인지 '거짓'인지를 구분하기 위해
신체 반응에 집중하기

저자의 경우에도 학창 시절에 친구들에게 인기 많고 성격 좋은 친구가 되어야 한다는 거짓 가면 상자에 빠져 상처를 받아도 표현하지 않고 쿨한 척 연기를 했습니다. 그러다 보니 점점 소화불량이 되어 쉽게 체하게 되고, 가능하면 혼자 있는 것이 편하게 느껴져서 집 안에만 있으려는 시기가 있었습니다. 그 시절 내면에서 들려왔던 '인기 많고 성격 좋은 친구가 되어야 해. 지금 모습을 보여줘서는 안 돼!'라는 말을 지금 다시 떠올리면 가슴이 꽉 막히는 느낌이 듭니다.

이러한 반응은 우리의 몸이 본능적으로 스스로를 보호하기 위하여 내보내는 무의식적 신호로 우리의 이성으로 구별할 수 없는 '진실'과 '거짓', 즉 자신에게 어떤 것이 유익하고 어떤 것이 유해한지를 알려주는 것입니다. 여러분도 자신의 내면에서 들려오는 말을 떠올려 보고 그 말이 나에게 '유익을 가져다주는 진실의 말'인지 '평생 해를 끼치는 거짓의 말'인지를 신체의 반응으로 파악해보기 바랍니다.

내면의 소리에 마주하기

자신의 약점과 장점 모두를 사실 그대로 보여주고 살아간다면 당당해지고 힘이 생깁니다. 가면을 벗고 자신의 얼굴로 살아가는 것입니다. 입장을 반대로 생각하는 것도 한 방법입니다. 개인적으로 친밀하거나 특별히 관심을 두지 않는 사람이라면 그 사람의 외모나 성격 등에 그다지 신경 쓰지도 않고 관찰하지 않을뿐더러 판단하지도 않을 것입니다. 이것과 동일합니다.

다른 사람도 나와 특별한 관계가 아닌 이상 나의 외모와 태도, 성격 등에 크게 관심을 갖지 않습니다. 그렇기 때문에 혹시 과민하게 스스로의 착각에 빠져 나의 민낯을 보여주면 안 될 것 같은 두려움으로 겉모습을 과다하게 포장하고 있지 않는지 생각해볼 필요가 있습니다.

두려움의 실체와 만나기

두려움은 내가 모른 체한다고 해서, 그리고 감춘다고 해서 없어지는 것도 아니며 숨기면 숨길수록 더욱 커져 결국 나 자신을 삼켜버리기 쉽습니다. 예를 들어 일을 마치고 집에 갔는데 어두운 방에서 '끼익끼익' 하는 소리가 들려온다면 그 소리의 정체를 모르기 때문에 여러 가지 나쁜 상상을 하며 순식간에 엄청난 공포감에 사로잡히게 됩니다. 하지만 그 소리가 선풍기의 타이머 조절기에서 나오는 소리라는 것을 이미 알고 있었다면 처음엔 조금 놀라겠지만 그 소리의 정체를 알고 있기 때문에 내가 무엇을 해야 할지를 알게 됩니다.

'있는 그대로의 내 모습'을 보여주지 못하는 두려움도 마찬가지입니다. 내 모습 그대로 보여주면 사람들이 '싫어할 거야!', '실망할 거야!', '나를 떠날 거야!'와 같은 추측으로 두려움에 빠지게 됩니다. 그런데 사실 그런 추측들이 사실인지 객관적으로 평가하고 확인해봐야 합니다. '어떤 근거로 나를 싫어 한다고 판단하고 있는 것일까?' 하나하나 근거를 찾아보고 스스로에게 질문해봅니다. 변호사가 확실한 증거를 밝히며 반대 심문을 하듯이 자신이 단정 짓고 있는 것들에 대해 논박을 하며 원인불명의 추측들을 소멸시키는 것입니다.

지금 존재하는 것은 지금의 '나 자신'입니다. 나와 같은 존재는 지구상 어디에도 없습니다. 자신의 존재가치가 그만큼 소중하다는 뜻입니다. 따라서 가장 소중한 건 '나 자신'이라는 점을 잊지 말아야 합니다.

"꿈은 반드시 이루지 않아도 됩니다.
하지만 꿈에 대한 희망을 갖는 것, 그것에 도전하는 것!
그것이 인생을 변화시킵니다."

2장

자기 비난 상자

"모든 문제가 나의 잘못이라 생각하고
스스로에게 벌을 주는 삶을 살아가는 인생"

자기 비난 상자
열어보기

"나는 왜 하는 일마다 꼬이지?"

"나는 너무 게으른 것 같아!"

"나는 왜 이러지? 또 망쳤네!"

"나는 왜 이렇게 공부를 못하지?"

"나는 패션감각이 없나 봐! 입는 옷마다 안 어울려!"

이 외에도 '뚱뚱하다', '못생겼다', '가난하다' 등등 자기 자신을 탓하는 사람들이 있습니다. 물론 노력하지 않아 일이 잘 안 되거나 객관적으로 봤을 때 조금 부족한 경우도 있겠지만, 누가 보아도 보통 이상의 실력과 외모의 소유자가 지나치게 자책하는 경우를 보면 참으로 안타깝습니다. 자기 자신에게 이렇게 가혹하고 심지어 자신을 혐오하기까지 하면, 마음의 문제가 몸에도 영향을 미쳐서 서서히 건강에도 이상이 생길 수 있습니다.

왜 지나친 '자기 비난'을 할까요? 크게 세 가지 정도로 원인을 생각해볼 수 있습니다.

첫 번째는 어린 시절 가정이나 주변의 지나친 통제와 억압으로 자존감이 낮아졌을 수 있습니다. 성격이 형성되고 사회성을 쌓아야 하는 유아기와 유년기에 "너는 도대체 왜 늘 말썽이야!", "하지 말라고 했지!", "칭얼대지 마!" 등등 야단만 맞으면서 성장하면 자신감을 잃고 위축된 자기 비난 상자에 갇히게 됩니다.

두 번째는 성장 과정에는 문제가 없었지만, 여러 번의 실패가 부담이 되어 마음이 위축되고 점점 소극적으로 변하면서 자기 자신을 탓하는 사람이 있습니다. 공부를 잘해서 칭찬받고 싶었는데 생각보다 성적이 오르지 않았다든지, 운동을 잘하고 싶었는데 운동신경이 둔하여 친구들에게 놀림을 당했다든지, 선생님에게 칭찬받고 친구들과도 친하게 지내고 싶었는데 소극적인(내향적인) 성격이라 잘 어울리지 못했다든지 등등 한 가지 또는 몇 가지 이유가 연동되어 자기 비난에 빠지기도 합니다.

세 번째는 과도한 죄책감 때문인 경우도 있습니다. 잘하고 있지만, 자기 자신의 기준에 미달하여 '내가 좋은 엄마가 되어야 하는데 그러지 못해 아이에게 미안하다!', '내가 이혼한 탓에 아이를 한 부모 가정에서 자라게 하다니⋯', '학생들에게 존경받고 훌륭한 선생님이 되어야 하는데 왜 이렇게 부족하지?', '모든 환자에게 친절한 간호사가 되어야 하는데 왜 잘 안 될까!' 등등 지나치게 자책하다가 '자기 비난 상자'에 갇히는 경우도 있습니다.

그런데 왜 '자기 비난 상자'에서 빠져나오지 못할까요?

어린 시절의 잘못된 환경 때문에 생긴 트라우마나 실패의 경험은 털어버리고 자신이 즐겁게 잘할 수 있는 일을 찾아 살아가면 된다고 생각하지만, 그러지 못하는 경우도 있습니다. 그래서 '자기 비난 상자'에 갇히게 되는 것입니다.

하버드대학교 사회심리학자인 다니엘 웨그너Daniel Wegner 교수가 1987년 '어떤 생각이나 욕구를 누르려고 하면 효과가 있을까?'라는 실험을 했습니다.

학생을 두 그룹으로 나눠 A 그룹에는 흰곰을 생각하라고 지시했고, B 그룹에는 흰곰을 생각하지 말라고 지시했습니다. 그리고 그 두 그룹은 흰곰이 떠오를 때마다 종을 치라고 지시했습니다. 결과를 보면, 종을 친 횟수가 많은 그룹은 흰곰을 생각하지 말라는 지시를 받은 B 그룹이었습니다. 생각하지 말라고 하면 오히려 더 생각을 하게 되는 것이 우리 인간이고, 이는 우리가 살아가면서 당연하게 받아들이는 행동입니다(사고 억제의 역설적 효과Ironic process theory는 특정 생각, 욕구를 억누르려 하면 할수록 그것이 더 자주 떠오르거나 행동하게 되는 효과이다).

티벳 속담에 '걱정을 하여 걱정이 없어지면 걱정이 없겠네!'라는 말이 있습니다. 누구나 많은 생각을 하고 걱정을 한가득씩 안고 살아갑니다. 하지만 다행히도 신이 인간에게 주신 최대의 선물인 '망각'으로 인하여 걱정의 농도가 옅어지다 시간이 흐르면서 잊히는 것이 일반적입니다.

그런데 자기 비난 상자에 갇혀 있는 사람들은 이 '망각'의 선물을 '망각'한 것입니다. 과거에 고민했던 일이나 고통, 힘들었던 기억들을 그대로 안고 또는 그것을 증폭시키면서 후회하고 자신을 책망합니다.

나를 점검해보기

아래의 체크 리스트로 점검해보시기 바랍니다.

4~5개를 체크했다면 자기 비난 상자에 빠져 있을 가능성이 크다고 볼 수 있습니다.

3개는 약간 위험한 상태입니다.

1~2개는 비교적 안심할 수 있지만 심해지지 않도록 주의하여야 합니다.

[체크 리스트]

☐ 내 잘못이 아닌데도 상대방이 큰 소리로 따지면 잘못했다고 사과부터 한다.

☐ 일이 잘못되면 나 때문에 그런 것 같다는 생각이 들어 위축된다.

☐ 다른 사람들과 비교하면 부족한 점이 많은 것 같아 늘 자신감이 없다.

☐ 사소한 것이라도 실수했던 일이 늘 생각이 나 괴롭다.

☐ 자신 있고 활달한 외향적인 사람을 보면 부럽다.

자기 비난 상자
들여다보기

CASE 1

"결국 다 제 잘못이죠. 저 때문이에요."

스스로를 자책하며 괴로워한다.
상대방에 대한 '오해'에서 벗어나 먼저 객관적인 사실부터 확인하기

법정에서 어떠한 기준에 의해서 누군가를 죄가 있다고 판단하여 죄인으로 규정하는 것을 '정죄定罪, condemnation'라고 합니다. '정죄'는 심판에 의하여 공식적으로 죄를 드러나게 판결하여 형벌을 내리게 됩니다. 이러한 '정죄'를 자기 자신에게 하는 것이 바로 '자기 비난self-condemnation'입니다. '자기 비난 상

자'에 빠지면 자기 자신을 '죄인'으로 심판하여 정죄하고 스스로를 창피하게 여기고 괴롭게 하는 형벌을 주게 됩니다.

주형 씨는 매달 영업실적 회의를 할 때마다 '죄인'이 된 느낌을 갖습니다. 기업은 대부분 성과 목표를 높이 세우기 때문에 현실적으로 목표를 달성하지 못하는 경우가 많습니다. 물론 그 책임을 맡은 팀장이나 관리자의 경우 실적 압박을 해가며 팀원들을 몰아세울 수는 있습니다. 하지만 그렇다고 해서 스스로 자책하고 자기 비난에 빠져 우울증이 되는 경우는 보기 힘듭니다.

주형 씨는 평상시에 팀원들 사이에서 유순하며 큰 실수를 하지 않고 묵묵하게 일하는 직원입니다. 일을 하는 데 있어서 다른 사람들보다 한 박자 늦긴 하지만 인내심이 많고 꾸준하여 성실한 특성을 가지고 있습니다.

그러한 주형 씨는 실적이 안 나오는 것에 대해 특별히 혼자만 지적을 받은 것도 아닌데 '내가 잘못해서 그래!', '좀 더 꼼꼼하게 살펴봤다면 나았을 텐데 더 체크하지 못한 내 잘못이야!', '나 때문에 우리 팀이 성과급을 못 받았어!'라고 자신에게 '죄'의 항목을 계속 추가합니다. 그리고 결국 '자기 비난 상자'에 빠져 자신을 '죄인'이라 생각하고, 자신의 마음에 채찍을 가하며 벌을 주기 시작합니다.

주형 주변 상황이 안 좋게 되면 다 제 탓인 것처럼 느껴집니다.

상담자 그렇게 느껴질 때 혹시 어떤 생각이 스치고 지나가나요?

주형 '그럴 줄 알았어. 네가 그렇지 뭐!'라고 말하는 상대방의 차가운 표정도 떠올라요.

상담자 누구의 표정인가요?

주형 엄마의 표정이에요. 입을 꽉 다물고 저를 쳐다보는 표정….

상담자 입을 꽉 다문 표정에서 어떤 말이 들리는 것 같나요?

주형 '창피한 줄 알아라', '부끄러운 줄 알아라' 그런 말을 하고 있는 것 같아요.

주형 씨는 자신을 대하는 엄마의 차가운 표정을 '너는 창피한 아이야!', '너는 부끄러운 아이야!'라고 해석하고 있었습니다. 꼼꼼하다 보니 어릴 때부터 과제를 마치는 속도가 느렸고, 실수를 하지 않으려고 하다 보니 준비시간이 필요하여 시작하는 것이 더뎠습니다. 때문에 성격이 급한 유치원 선생님이나 학교 선생님을 만나면 주형 씨는 문제아가 되어버렸습니다.

그런 주형 씨의 행동이 문제라고 여기는 선생님께 지적을
받은 엄마는 한숨을 내쉬며 주형 씨를 바라보곤 하였습니다.
손놀림이 빠르고 주도적인 성향의 엄마가 볼 때 주형 씨는 발
달에 문제가 있는 것처럼 보였고, 엄마의 깊은 한숨은 주형
씨의 귀에 '네가 문제야! 네가 잘못한 거야! 그러니까 창피한
줄 알아!'라는 책망의 말이 되어 오랫동안 마음속에 깊이 자
리 잡고 있었습니다. 그리고 상황이 안 좋을 때마다 마음 깊
은 곳에 자리 잡고 있던 그 책망의 말은 주형 씨를 '자기 비난
상자'에 갇히게 하여 결국 자신에게 죄를 부과하고 벌을 주게
된 것입니다.

ONE POINT LESSON

우리는 사람을 대할 때 상대방이 한 말의 내용을 파악하
기보다 상대방의 표정과 몸짓 등을 관찰하며 주관적으로
해석할 때가 많습니다.

주형 씨는 특히 사람들의 표정 등을 관찰하며 그 정보를
잘 캐치합니다. 이러한 성향을 가진 사람은 상대방을 배려

하며 예의 있게 대하지만, 더불어 상상력을 총동원하여 상대의 표정이나 몸짓에 대해 본인이 느껴지는 대로 해석하게 됩니다.

이렇게 상대방과의 의사소통 없이 상대의 마음을 꿰뚫어서 아는 능력을 다른 말로 '독심술'이라고 합니다. '독심술'은 소설이나 영화에서는 가능하겠지만 우리가 '신'이 아닌 이상 상대방의 표정만 보고 마음을 꿰뚫어본다는 것은 불가능합니다.

이러한 '독심술'은 오히려 잘못된 해석을 하게 하여 상황을 악화시킬 위험이 크다고 할 수 있습니다. 주형 씨는 스스로를 단죄하고 형벌을 내려왔던 잘못된 '독심술'에서 벗어나기 위해서는 먼저 자신이 해석한 내용이 타당한지, 근거가 있는지에 대하여 객관적 검토가 필요합니다. 그러기 위해서 '독심술'로 해석된 내용을 한 문장씩 기록해봅니다.

예를 들면 다음과 같습니다.

1. 내가 계획했던 실적을 못 이루었기 때문에 우리 팀이 성과급을 못 받은 거야.

2. 그때 내가 보고서를 빨리 올렸다면 나아졌을 텐데…

　등등

이런 식으로 하나하나 적어놓고 한 문항마다 이 말이 맞는지에 대해 어떠한 증거가 있는지 객관적으로 사실을 확인합니다.

주형 씨가 회사 내에서 달성하지 못했다고 여기는 실적에 대해서 객관적으로 검토하기 위해서는 자신의 목표가 처음부터 적절했는지를 먼저 확인해야 합니다. 그리고 다른 동료들의 성과와 비교해볼 때 과연 자신의 성과가 현저히 낮은지에 대해서도 객관적으로 확인해야 합니다.

주형 씨와 같이 '독심술'로 해석하는 습관이 있는 사람들의 공통점 중 하나는 사실 확인을 위해 주변 사람들에게 질문하지 않는다는 것입니다. 질문하여 확인하면 금방 사실이 아님을 알 수 있는데도 '독심술'로 해석한 잘못된 내용을 옳다고 믿고 마치 그것이 진실인 것처럼 착각합니다.

주형 씨도 상사와 동료들의 격려와 피드백을 단지 빈말이라고 치부하지 말고 자신이 믿고 있는 것이 맞는지 확인해보고 진심으로 대화를 나눈다면 '자기 비난' 상자에서 빠져나올 수 있습니다.

CASE 2

"만족함이 없어 늘 불안해요!"

자신을 사랑하지 못하고, 오히려 못난이로 만들어버리는 마음.
성공과 완벽이라는 압박감에서 스스로를 풀어주기.

사람들에게 '자신을 사랑하시나요?'라고 물어보면 '물론이죠'라고 바로 대답합니다. '그러면 어떤 방법으로 자신을 사랑하시나요?'라고 물어보면 선뜻 대답하지 못합니다. 왜냐하면 자신을 사랑한다는 것이 어떤 것인지 깊이 생각해본 적이 없기 때문입니다.

우리는 내가 아닌 가족이나 연인을 사랑하기 때문에 상대에게 관심과 마음을 쏟으면서 상대를 사랑하고 있다는 것은 인식하고 있습니다. 하지만 정작 자신을 사랑한다는 것은 어떤 것인지 잘 모르는 경우가 많습니다. 오히려 자신을 사랑하기는커녕 자신의 모습을 싫어하고, 때로는 스스로를 비난하고 자책하며 '자기 비난 상자'에 갇혀 스스로를 세상 제일의 못난이로 만들어버리는 경우도 있습니다.

경애 씨는 미국에서 금융 관련 일을 하다가 한국 기업에 스카우트되어 귀국한 지 1년 정도 되었습니다. 1년 동안 한국 문화와 조직생활에 적응하며 나름대로 새로 옮긴 회사에서 열심히 일해왔습니다. 그리고 회사에서 인정받아 최근에 매니저로 승진하였습니다.

그때부터 책임감과 부담감 때문에 일을 완벽히 처리하지 못할까 봐 전전긍긍하며 집에 돌아와서도 낮에 마무리한 업무나 이메일을 여러 번 확인하는 습관이 생겼습니다. 집으로 돌아와서도 편하게 휴식을 취하는 것이 아니라 자기도 모르게 컴퓨터를 켭니다. 그리고 이메일 내용에서 틀린 글자가 없는지, 답변이 왜 없는지, 자신이 실수한 것은 없는지 2시간여 동안 체크하지 않으면 잠을 이루지 못했습니다.

그렇게 수면부족에 시달리며, 회사에 출근하면 자신을 인정한 상사들에게 실망감을 주지 않기 위해 더욱 긴장하고 일하게 되었습니다. 그리고 집에 와서는 또 자동적으로 컴퓨터를 켜고 눈이 빨개지도록 업무를 체크하는 악순환을 겪고 있었습니다.

상담자 집에 돌아와서 컴퓨터로 이메일 확인하는 상황을 자세히 설명해줄 수 있나요? 어떤 자세와 어떤 표정일까요?

경애 잠옷을 갈아입고 식탁에 앉아요. 그리고 어느새 노트북을 가지고 와서 이메일을 확인하고 있어요. 등을 웅크리고 앉아서 아무런 표정 없이 컴퓨터 화면을 그냥 보고 있네요.

상담자 그런 자신의 모습을 보고 어떤 생각이 드세요?

경애 머저리 같아요. 정신병자 같고 넋이 나간 미친 사람같이 느껴져요. 정말 꼴불견이에요. 너무 못나 보여요.

상담자 지금 그런 모습이 아닌 원래 경애 씨는 어떤 사람인가요?

경애 잘 웃고 친구들과 어울려 떠들고 즐기면서 리더십도 있고, 밝은 사람이에요.

상담자 그런 긍정적인 면을 잘 기억하고 이야기해줄 만한 사람이 있다면 누가 있을까요?

경애 (한참을 생각하다가) 1년 전 미국에서 제가 한창 일을 열심히 배우고 열정적일 때, 제 멘토가 되어주었던 상사가 떠올라요.

그분은 지금의 형편없는 제가 아닌 당시의 활달하고 생기 넘쳤던 모습을 기억하고 계실 거예요. 그분이 보고 싶네요.

상담자 그분은 경애 씨에게 어떤 존재였나요?

경애 제가 일을 시작할 때 겁이 많았는데 차근차근 할 수 있도록 잘 설명해주셨고, 힘들 때마다 잘할 수 있을 거라고 격려해 주셨어요. 그래서 그때는 안심하고 일했나 봐요. 실수해도 되고 못해도 된다는 편안한 생각에 즐겁게 일했었는데⋯. 그분은 저에게 올바른 방향을 알게 하고 안정감을 갖게 해주신 분이에요.

상담자 그럼 그때 미국에서 힘이 되어주었고 경애 씨의 상황을 잘 알고 어떻게 경애 씨답게 앞으로 가야 하는지 도움을 주었던 상사가 지금 앞에 앉아 있다면 어떤 말을 하실까요?

경애 "경애야! 너는 처음에는 불안해하지만 일이 조금 익숙해지면 어느 누구보다도 일을 능숙하게 잘 해내잖니? 한국 생활이 낯설고 힘들었을 텐데 지금도 잘 해내고 있잖아. 너무 잘하려고 하지 않아도 괜찮아. 인정받으면 좋지만 그렇지 않아도 돼. 네가 미국에서 얼마나 잘 해냈는지 잊지 마!"라고 말해주실 것 같아요.

상담자 앞으로도 경애 씨가 자신을 멍청이 같고 형편없다는 생각이 들 때마다 그분이라면 어떤 조언을 해주실지 떠올려보세요.

사실 경애 씨는 회사에서 어느 누구에게도 비난받거나 실망했다는 이야기를 들은 적이 없습니다. 충분히 인정받고 잘하고 있는데도 불구하고 더 잘해야 된다는 생각이 불안을 만들고 그 불안이 집에 와서도 끊임없이 업무 확인을 하게 만들었던 것입니다.

ONE POINT LESSON

자기 스스로를 비난하고 자책하는 '자기 비난 상자'에 갇히는 사람들은 자기 자신이 정한 기준에 집착하는 경향이 있습니다.

'매니저라면 인정받고 실수 없이 일을 해야 해!', '난 훌륭한 부모가 되어야 해!', '난 착한 딸이 되어야 해!'라는 신념을 만들어놓고 그것을 이루지 못하면 자책하게 되고 바로 '죄책감'이라는 감정에 빠지게 됩니다.

경애 씨도 이러한 '죄책감' 때문에 매일 귀가 후 집에서 2시간 이상 업무를 확인하지 않으면 안 되는 벌을 스스로에게 주고 있었던 것입니다. '자기 비난 상자'에 빠지게 하는 '죄책감'을 버리기 위해서는 먼저 '난 이렇게 해야만 해!'라고 하는 어떤 신념이 있는지 그 문장들을 찾아서 건강하게 바꿀 필요가 있습니다.

예를 들면 '나는 돈을 많이 벌어야만 해!' 또는 '나는 1등을 해야만 해!'라고 생각하면 어떤가요? 내가 정한 신념은 그에 따른 행동을 낳습니다. 따라서 돈을 많이 벌어야 한다는 생각이나 1등을 해야만 한다는 생각에 벌써 긴장하게 되면서 불안해지고 '못 하면 어떡하지?'라는 걱정과 염려가 점점 눈덩이처럼 커집니다.

그리고 '어떠한 상황에서도 돈을 많이 벌어야 해!'라거나, '무슨 일이 있어도 나는 1등이 아니면 안 돼!'라고 계속 생각하게 되면 걱정과 염려의 눈덩이는 점점 공포감으로 발전합니다. 결국 나를 살리기 위해 가진 신념이 반대로 나를 죽이는 신념이 되고 맙니다.

그래서 '~ 해야만 해!'라는 신념에서 '~ 될 수 있으면 좋지!'라는 생각으로 바꿔주어야 합니다. 그렇게 된다면 신념을 이루지 못한다는 불안과 공포감으로부터 단순한 걱정으로 옮겨갈 수 있기 때문입니다.

이렇게 하는 것의 목적은 무작정 불안감을 버리고 긍정적인 상태로 만들자는 것이 아니라, 내가 정한 신념 때문에 딸려오는 쓸데없는 짐을 벗어 던지게 하려는 것입니다. 결국 성과를 내는 것이나 1등으로 가는 목표에 있어서 불안과 공포감을 안고 가느냐, 아니면 단순한 걱정을 안고 가느냐의 차이입니다.

여러분은 어떤 선택을 하시겠습니까?

거울도 안 보는 여자

자신에 대한 왜곡된 신념으로 늘 자신감이 없다.
인생 최고의 시나리오를 써봄으로써 희망의 길로 들어선다.

놀이공원에 가면 '이상한 거울'이 있습니다. 어떤 거울은 길다랗게 비춰 보이고 어떤 거울은 동화나라의 난쟁이처럼 보이고, 어떤 거울은 얼굴은 작고 몸은 크게 보입니다. 우리는 자신의 모습을 직접 보지 못하고 이렇게 거울이나 타인에게 비친 모습으로 내가 어떻게 생겼는지를 인식하고, 내가 어떤 사람인지 평가하기 쉽습니다.

그런데 '이상한 거울'에 비치는 모습을 진짜 내 모습으로 여기거나, 다른 사람의 기준에 의한 평가나 말에 의해 내가 누구인지가 정해진다면 우리는 어떤 삶을 살아가게 될까요?

8월의 무더위가 한창인 어느 날, 온몸을 감싸고 얼굴만 보이는 옷을 입은 영옥 씨가 상담실을 찾아왔습니다. 영옥 씨는 퇴근 후에도 게임에 빠져 지내는 남편과의 갈등과 외모에 대한 콤플렉스로 심한 우울감에 빠져 있었습니다.

최근에는 유치원 엄마 모임에서도 다른 사람들이 자신의 외모에 대하여 수군거리는 것 같아 어울리는 것이 힘들다고 합니다. 아이 때문에 억지로 모임에 가야 하는 것이 죽기보다 싫다고 합니다.

저자가 보기에는 약간 통통한 체격에 평범한 얼굴을 하고 있었지만 영옥 씨는 자신의 몸에 어울리는 옷은 세상에 없는 것 같다고 합니다. 의류 매장 직원이 자신의 뒷담화를 하는 것 같아 주변을 수시로 살피고 의식한다고 합니다.

중학교 때 짧은 치마를 입으려고 했던 영옥 씨에게 엄마는 "너같이 다리가 굵은 애가 치마 입으면 더 뚱뚱해 보여!" 이 한마디에 그다음부터는 아예 치마를 입지 않고 몸을 단단히 감싸게 되면서 전혀 피부를 노출하지 않았다고 합니다. 그리고 결혼 초기에 큰마음을 먹고 산 무릎 아래까지 내려오는 긴 치마를 본 남편이 "종아리가 두꺼운데 치마를 입으면 어떻게 해!"라는 평가에 또 한 번 깊은 좌절감을 느꼈다고 합니다. 그러면서 자신은 세상에 모습을 내보이면 안 되는 사람이라는 생각이 깊어졌다고 합니다.

그렇게 '자기 비난 상자'에 갇히게 되면서 살 가치도 없는 인생처럼 느껴지기 시작했습니다. 또 스트레스를 먹는 것으로 풀다 보니 더욱 살이 찌게 되고, 거울을 통해 보는 자신의 모습이 도저히 용납되지 않아 슬프기만 하고 점점 거울을 보는 것이 두려워졌다고 합니다.

상담자 영옥 씨가 영화 감독이 되었다고 생각하고 두 가지 시나리오를 만들어볼 텐데요. 한 가지는 앞으로 펼쳐질 수 있는 영옥 씨 인생의 최악의 시나리오이고, 또 한 가지는 그 반대로 기적처럼 바뀐 최고의 시나리오를 떠올려볼 거예요. 먼저 최악의 시나리오를 만들어볼까요?

영옥 앞으로 살이 50킬로그램이 더 찌게 되고 그러면 밖으로 한 걸음도 나가지 못하게 될 것 같아요. 집에만 있는 저는 점점 뚱뚱해지고 집 안도 더러워지고, 딸아이는 그런 엄마와 집이 싫어서 집에 안 들어올 것 같고 친구들에게 왕따도 당하게 될 것 같아요. 남편도 직장을 잃어서 집에만 있고 더 게임에 빠져서 생활비는 떨어지고 월세도 못 내고 쫓겨나서 갈 곳이 없어져요. 그래서 가족이 뿔뿔이 흩어지고 저는 정신과 약에 의지하며 살다가 나중에는 극단적 선택을….

상담자 최악의 시나리오를 이야기해보니 어떤 기분이 드나요?

영옥 아, 정말 최악이네요. 기분이 너무 안 좋고 슬퍼요. 그리고 말하면서 생각이 들었지만 정말 이대로라면 최악의 시나리오대로 될 수도 있겠다는 생각이 들면서 끔찍했어요.

상담자 정말 끔찍한 시나리오가 되었네요. 그럼 그 반대로 최고의 시나리오는 어떤가요?

영옥 제가 열심히 운동해서 살이 지금보다 20킬로그램 정도 빠지고, 제가 좋아하는 미니스커트를 입고 여기 저기 다녀요(미소를 보임). 그리고 제가 그린 웹툰이 인기가 많아져서 영화로 제작되고 저는 한국 최고의 웹툰 작가가 되고요. 그래서 따로

작업실도 마련하고, 제 작업실에 딸아이가 친구들과 놀러오고, 돈을 많이 벌어 부모님과 남편에게 생활비도 주고 모두 저를 대단하게 여기죠. 저는 다음 작품을 준비하며 바쁜 하루하루를 보내요.

상담자 성공한 웹툰 작가의 모습이네요. 최고의 시나리오를 떠올리면서는 어떤 기분이 들었나요?

영옥 아~ 정말 이렇게 되면 좋겠다. 제가 어릴 때부터 만화 그리는 것을 좋아했는데 제 꿈이 이루어지고, 그리고 제 눈치를 보는 가족들을 생각하니 한편으로 웃기기도 하고요. 정말 꿈만 같아요. 마음이 들뜨네요.

상담자 저도 들으면서 같이 기분이 업되었어요. 그럼 영옥 씨가 만든 최고 시나리오의 길로 한 걸음 들어선다고 했을 때 우선 지금 현실적으로 할 수 있는 것이 무엇일까요?

영옥 글쎄요. 먼저 웹툰 그리기를 전문적으로 하기 시작해야겠어요. 그동안 드로잉을 조금 해보다 말았는데 전문적으로 공부하고 싶어졌어요. 그리고 오늘부터라도 다른 작품들도 많이 봐야겠어요. 그리고 살 빼는 것은 지금도 하고 있긴 한데 아침저녁마다 더 열심히 걸어야 될 것 같아요.

영옥 씨는 자기 인생에 있어서 최악의 시나리오와 최고의 시나리오를 써보면서 지옥과 천국을 오고 갔습니다. 최악의 시나리오를 써보며 '지금 이 상태로 변함이 없다면 정말 극단적으로 갈 수 있겠구나!'라는 생각에 충격을 받았습니다. 반대로 최고의 시나리오를 써보며 성공한 웹툰 작가가 되어 주변 사람들의 눈치를 안 보는 자신감 넘치는 모습을 만나보았습니다.

어떤 사람도 최악의 시나리오대로 살고 싶지 않을 겁니다. 우리는 지금 이순간에도 자기 자신의 인생 시나리오를 쓰고 있습니다. 이 시나리오는 다른 사람이 써주는 것이 아닌 오로지 자신이 선택하고 써나가는 시나리오입니다. '자기 비난 상자'에 빠진 것도 자기 자신이 만든 시나리오의 일부라면 '자기 비난 상자'에서 나오는 시나리오도 자신이 만들 수 있습니다.

"저는 태어나지 말았어야 했어요!"

열등감으로 자신감을 잃고 무기력한 삶을 살게 되다.
숨어 있는 긍정적인 의도를 발견하면 해결 방법을 찾게 된다.

열 손가락 깨물어 안 아픈 손가락이 없다는 말은 부모에게 모든 자식이 다 귀하다는 말입니다. 자녀가 많은 경우 부모 입장에서는 공평하게 사랑한다고 하지만 사실 부모의 가치관이나 기질적으로 더 잘 맞는 자녀이거나, 공부를 더 잘하는 자녀 쪽으로 마음이 기우는 것을 부정할 수는 없습니다.

부모는 누가 더 잘하든 못하든 똑같이 사랑한다고 하지만 자녀 입장에서는 우월한 형제와 자신을 대하는 부모의 표정과 태도, 말투 등을 통해 열등감을 갖게 되기도 합니다. 그리고 매번 자신을 타인과 비교하며 잘한 것보다는 부족한 부분에 집중하며 자신이 열등하다는 것을 스스로에게 확인시키는 '자기 비난 상자'에 갇히게 됩니다.

태철 씨는 출근하는 길이 지옥 길처럼 두렵습니다.

어제 부장이 지시한 프로젝트를 완성해야 하는데, 지시하는 목소리만 들어도, 얼굴만 보아도 그날 하루가 불행의 시작을 알리는 서곡입니다. 태철 씨 아버지는 건설현장 미장기술 자인데 형이 태어났을 때 어머니는 전업주부였지만, 태철 씨가 태어날 무렵 집안 사정이 좋지 않아 어머니도 일을 하게 되었습니다.

형은 친구들과 잘 어울리며 동네 사람들에게도 성격이 좋다고 칭찬받았습니다. 그에 비해 태철 씨는 겁이 많아 엄마 뒤만 쫓아다니거나 밖에서 노는 것보다 집에서 혼자 노는 것을 더 좋아했습니다. 엄마가 일이 바빠져서 집에 혼자 있는 시간이 많아지자 태철 씨는 집에서 게임만 하게 되었고, 반대로 형은 혼자 알아서 학원에 다니고 공부도 잘해서 점점 자신과 차이가 나는 것을 느꼈다고 합니다.

그리고 매번 부모님께 듣는 말은 "형은 공부를 잘해서 걱정이 없는데, 너는 공부도 못하고 게임만 하니 속이 터진다 터져! 도대체 뭐가 되려고 그러니!"라고 부모님께 많은 꾸지람을 듣고 매도 맞았습니다. 그러면서 '나는 처음부터 태어나지 말았어야 해!'라는 생각이 들며 왜 살아야 하는지를 몰랐다고 합니다.

태철 씨는 어디를 가도 자신보다 잘하고 잘난 사람뿐이고 이 세상에 자신보다 못난 사람은 아무도 없다는 생각뿐이었습니다. 그런 태철 씨에게 제일 편하게 쉴 수 있었던 곳은 게임 세계였습니다. 학교나 집에서나 골칫덩어리 취급을 받아왔던 태철 씨는 친척의 도움으로 가구 공장에 들어갔지만 일이 느리다고 선배들에게 핀잔을 듣고 상사에게 꾸중을 듣는 동네북 신세입니다.

상담자 직장에 있을 때 태철 씨는 어떤 능력을 가진 사람인가요?

태철 음… 업무 속도도 느리고 상사나 선배한테 혼만 나는 능력도 없는 사람이에요. 그래서 계속 긴장되고 주눅 들게 돼요.

상담자 업무가 느리거나 계속 긴장하는 이유는 무엇일까요?

태철 실수할까 봐 자세히 여러 번 확인하다가 늦어지고, 그러다가 재촉받으니 긴장하게 되고…. 일이 다 끝난 줄 알고 선배가 배달을 시키면 거절하지도 못하고, 중간에 배달까지 하게 되니 하던 일도 마무리가 잘 안 되고….

상담자 태철 씨는 업무를 잘 이해해서 실수 없이 일을 잘하려고 하는 긍정적인 의도가 있네요. 물론 그렇게 하다 보면 속도가 더디게 보일 수 있고요. 그러면 어떤 부분이 나아졌으면 좋겠다고 생각하시나요?

태철   부장님이 혼내실 때 주눅 들지 않았으면 좋겠어요.

상담자 주눅 들지 않는 대신 어떻게 하고 싶은가요?

태철   사실 이해가 잘 안 되는 부분이 있어도 질문하지 못했어요. 화내실까 봐…. 제가 이해되지 않는 부분을 잘 물어볼 수 있으면 좋을 것 같아요.

상담자 이해되지 않는 부분을 물어보면 어떤 결과를 얻을 수 있나요?

태철   그럼 일의 속도가 지금보다는 빨라지고 팀장님도 왜 제가 일을 늦게 하게 되는지 알게 되고, 그러면 지금보다는 덜 화내시게 되겠죠.

상담자 지금보다 덜 혼나게 되면 태철 씨는 직장에서 어떻게 달라지게 될까요?

태철   긴장을 덜 하게 되고 그러면 선배들하고도 이야기를 잘하게 될 것 같아요.

상담자 긴장을 덜 하게 되고 선배들하고도 이야기를 잘하게 되면 태철씨는 또 직장에서 어떻게 달라지게 될까요?

태철   사실 선배들에게 제가 제일 잘하는 게임 이야기도 편하게 할 수 있을 것 같고, 그러다 보면 제가 어렵거나 힘든 것도 스스럼없이 이야기할 것 같아요. 그렇게 되면 회사 가는 것이 즐거워지지 않을까요?

상담자 처음에 태철 씨가 이야기한 것처럼 자신이 이해되지 않는 부
분을 물어보는 작은 일이 결국 회사 가는 것을 즐겁게 하는 나
비효과를 가져올 수가 있겠네요? 어때요? 해볼 만한가요?

> **ONE POINT LESSON**

우리가 의식하든 의식하지 않든 겉으로 드러나는 행동
에는 반드시 어떠한 의도가 숨겨져 있습니다.

삶에서 변화를 주고 싶지만 잘 안 되는 행동이나 습관
들이 자신에게 불이익을 가져다준다는 것을 머리로는 알
아도 그런 행동은 쉽게 바뀌지 않습니다. 왜냐하면 행동을
취할 때는 자신에게 어떤 부분이 유익을 준다고 생각하기
때문에 그러한 행동을 멈추지 않고 반복적으로 하게 되기
때문입니다.

담배를 피우는 것도 몸에 안 좋다는 것은 알지만 담배가
주는 스트레스 해소나 정신적인 안도감이라는 긍정적인
의도가 더 크기 때문에 담배를 끊지 못하는 이유가 됩니

다. 따라서 어떠한 증상일지라도 그 뒤에는 숨겨진 긍정적인 의도가 있다고 보고 그 긍정적인 의도가 무엇인지를 알아보는 것이 중요합니다.

태철 씨는 일의 속도가 느리고 긴장하는 행동을 나타냈습니다. 상담을 통해서 알아보니 그 행동은 실수하지 않고 일을 잘하려는 긍정적인 의도가 숨겨져 있었습니다. 그 의도를 해결해줄 만한 방법은 잘 이해되지 않는 부분을 물어보는 작은 행동이었습니다. 그 작은 행동은 결국 회사에 출근하는 것이 너무도 싫은 태철 씨가 회사생활에서 즐거움을 찾게 되는 방향으로 이끌게 됨을 알 수 있었습니다.

자기 비난 상자에서
탈출하기

자신의 강점을 사용하다 보면 자연스럽게 단점이 따라옵니다. 예를 들면 진취적이고 주도적인 강점을 사용할 때는 성급해 보이거나 인내심이 부족해 보일 수 있습니다. 꼼꼼하고 계획적으로 하다 보면 속도가 느리고 융통성이 부족해 보일 수 있습니다. 따라서 누구나 동전의 양면처럼 강점과 약점을 동시에 가지고 있는 것입니다.

그럼에도 '자기 비난 상자'에 빠지게 되면 자신의 좋은 부분보다는 부족한 면만 보게 되고, 잘하고 있는 것은 인정하지 않은 채 모든 상황에서 얼마나 자신이 못났는지를 확인하는 것에만 집중하게 됩니다.

강점을 찾아 살리는 것에 집중하기

부족한 면을 극복하려고 노력하다 자신의 강점마저 잃어버리게 될 수 있습니다. 갤럽 조사에 의하면 자신의 강점을 매일 발휘하려고 하는 사람은 일의 의욕이 6배 높고, 강점을 중시한 팀은 생산성이 12.5퍼센트 높다고 합니다.

'자기 비난 상자'에 갇힌 사람들에게 자신의 강점을 물어보면 대답하지 못하거나, 강점이 있다고 하더라도 누구나 가지고 있는 것이라고 여겨 자신의 강점이라고 인정하지 않습니다. 그리고 타인에게 긍정적인 피드백을 받더라도 '다른 사람에게도 똑같이 말하겠지' 또는 '진심이 아닐 거야!'라고 생각하며 좀처럼 인정하지 않습니다.

자신의 강점에 관한 자료 수집하기

최근에 어떤 사항에 대해서 칭찬이나 긍정적인 평가를 받았다면 잠시 양해를 구하고 "어떤 부분이 특히 마음에 드셨나요?" 또는 "어떻게 도움이 되셨나요?"라며 구체적으로 물어봅니다. 그렇게 물어가다 보면 자신에 대한 강점 데이터를 차곡차곡 수집하게 됨으로써 자기 자신에 대해 배우게 됩니다. 그리고 앞으로 더욱 그러한 면을 사용하고 싶은 욕구와 흥미가 생기게 됩니다. 그렇게 더욱 긍정적인 의견에 귀를 기울이다 보면 자신을 비난하는 시간이 줄어들고 자신의 강점을 어떻게 사용할 것인지에 관심을 갖게 됩니다.

타인의 칭찬에 의심 대신 일단 믿기

칭찬은 고래도 춤추게 한다지만 사실 칭찬에 부담을 느끼는 사람이 더 많은 것 같습니다. 한국인들이 특히 '겸손'을 '미덕'이라고 여겨서 그런지 칭찬에 대한 반응을 보면 '그냥 운이 좋았을 뿐이에요', '덕분에 잘된 것이지요', '별말씀을…' 하며 손사래 치는 것을 보게 됩니다. 사실 인사치레이건 아니건 칭찬하는 사람의 입장에서 관찰하고 배려해서 해준 말임에도 애써 부정하는 것이 과연 '겸손'이고 '미덕'인지는 생각해볼 필요가 있습니다.

칭찬에 부담을 느낀다는 것은 그러한 칭찬에 대해 '나는 그렇지 않아!'라고 부정하는 마음이 크기 때문에 '그럴 리 없다'라고 잘못된 해석을 하고 있을 수도 있습니다. 하지만 '자기비난 상자'에서 빠져나오기 위해서는 의례적인 칭찬일지라도 그 의미를 깊이 생각해볼 필요가 있습니다.

그리고 칭찬을 받으면 자신이 했던 구체적인 행동을 생각해보고, 그것이 사실이면 상대방의 칭찬을 순수하게 수용하고 자신을 믿어도 좋습니다. 그렇게 될 때 자신의 내면에 긍정적인 소리를 입력하게 되고, 긍정적인 행동을 하는 사람으로서 반응하게 됩니다. 그러면 그 반응이 긍정적인 정서를 일으키게 되고, 그러한 행동을 다시 하도록 만드는 연쇄작용으로 이어집니다.

여러분은 중요한 친구를 대할 때 어떻게 하나요? 부정적인 피드백을 하거나 폄하하고 모멸감을 주나요? 아니면 친구가 어려울 때 지지해주고 격려해주며 당신의 친구가 얼마나 중요하고 소중한 사람인지 알 수 있도록 힘이 되려고 애쓰나요? 소중한 친구를 대하듯 자신을 대하기 위해 먼저 무엇을 하면 좋을지 생각해보기 바랍니다.

3장

꼭두각시
상자

"타인이 시키는 대로 하는 수동적인 '로봇 인생'"

꼭두각시 상자
열어보기

'꼭두각시'는 사람의 모습을 하고 있지만 혼자서 움직일 수 없고 사람이 조종하는 대로 움직이는 인형을 말합니다. 꼭두각시 인형에는 여러 줄이 각 관절에 연결되어 있습니다. 그래서 조정하는 사람에 의해 춤을 추고 연기도 하다가 그 줄을 끊어버리면 아무런 움직임도 할 수 없게 됩니다.

이 인형은 이렇게 누군가에 의해 조종받지 못하면 혼자서 움직일 수 없습니다. 이런 이유로 주체성 없이 환경이나 다른 사람의 요구에 수동적으로 움직이는 사람을 비유할 때 '꼭두각시'라고 합니다. 우리의 마음이 꼭두각시 상자에 갇히면, 주도성과는 거리가 먼, 누군가에게 끌려다니는 삶을 살게 됩니다. 주위 환경을 너무 의식하다 보니 자신이 하고 싶은 일을 하지 못하고 주위의 요구에 수동적으로 살아가는 것입니다.

주도성을 잃고 수동적인 노예 같은 생활, 감옥 같은 상자에 갇혀버린 사람들은 자기 주장을 하지 못하고 사회나 부모 또는 친구가 시키는 대로 인생을 살아가게 됩니다. 자기 인생의 '주도권'을 어느 순간 자신도 모르게 빼앗겨 버려 주위의 요구에 끌려다니게 됩니다. 이렇게 이리저리 끌려다니다 보니 어느새 눈앞에 있는 것에만 급급하게 되고 '해야만 하는 일' 들을 처리하는 데에만 에너지를 소진하게 됩니다.

예를 들면 "공부를 잘해야만 해!", "성실하고 착한 사람이 되어야만 해!", "불만이 있어도 참아야만 해!", "힘들더라도 혼자서 해내야만 해!" 등등 이런 부모나 환경으로부터의 요구는 유아 시절부터 시작되어 어린이집과 유치원에 다닐 즈음이 되면 더 많아집니다. 성인으로 사회인이 되면 한층 더 주위의 요구가 많아져 헤어나지 못할 정도가 됩니다.

사람들은 일반적으로 스스로 해야 할 일과 하지 않아도 될 일을 정하고, 해야 할 일은 우선순위를 정하여 주도적으로 처리합니다. 그러나 꼭두각시 상자에 갇힌 사람은 다른 사람들의 요구를 충족하려다 자기 자신을 잃어버리게 됩니다. 그래서 '당신은 어떤 인생을 살고 싶으세요?'라는 질문에 당황하며 제대로 답변을 하지 못합니다.

인생의 주도권을 빼앗기면 어느 순간부터 자기 주장이 없어지고, 자신의 꿈을 열정적으로 이야기하지 못하게 됩니다. 즉 꼭두각시 상자에 갇히면 자신의 인생을 주체적으로 살 수 없고, 자유로운 발상도 하지 못하게 됩니다.

나를 점검해보기

아래의 체크 리스트로 점검해보기 바랍니다.

4~5개를 체크했다면 꼭두각시 상자에 빠져 있을 가능성이 크다고 볼 수 있습니다.

3개는 약간 위험한 상태입니다.

1~2개는 비교적 안심할 수 있지만, 늘 주의하는 것이 좋습니다.

[체크 리스트]

☐ 누군가의 부탁을 거절하기 힘들다.

☐ 내가 원하는 것을 이야기하려고 하면, 긴장되고 가슴이 뛰어 못 하게 된다.

☐ 어떤 일에도 의욕이 없고 만족감도 없다.

☐ 의욕이 없기 때문에 해야 할 일을 계속 미루게 된다.

☐ 주변 사람들의 요구에 맞추려다 보니 본인의 휴식시간이 부족하다.

꼭두각시 상자
들여다보기

주변 사람들이 원하는 대로 다 해주었는데,
돌아오는 것은 무시뿐…

사람은 자신이 먼저 채워져야만 타인을 채워줄 수 있다.
자신의 행복을 타인이 채워주기를 기대하면서부터
마음의 병이 시작된다.

 세상에 어떤 사람도 불행하기 위해 살아가는 사람은 없습니다. 모두가 행복한 삶을 원하고, 지금 선택하고 결정하는 것이 행복한 삶을 살아가게 할 수 있기를 바랍니다. 그런데 행복하기 위한 선택에 있어서 '꼭두각시 상자'에 갇혀 있는 사

람은 타인의 요구를 수용하고 충족시키는 것에 익숙해 있기 때문에 자신이 원하는 선택을 하지 못합니다.

40대 직장에 다니고 있는 현주 씨는 자신의 가족뿐만 아니라 근처에 사시는 부모님도 돌봐야 하기 때문에 평일에도 주말에도 정신없이 바쁘기만 합니다. 모처럼 쉴 수 있는 휴일이 되어도 가족 행사가 있거나 아이들을 데리고 외출하거나 밀린 일도 해야 하기 때문에 늘 어딘가 훌쩍 떠나고 싶은 마음에 사로잡혀 있습니다.

그런 와중에 직장동료 중 한 사람이 거래처와 트러블이 생겨 회사 내에서 곤란한 처지가 되었습니다. 친절한 현주 씨는 그 동료의 고민을 들어주기도 하고, 동료의 업무 일부분을 대신 해주는 등 헌신적으로 도와주었습니다.

처음에는 현주 씨의 도움을 고마워했던 동료는 시간이 흐를수록 자신의 일을 현주 씨에게 당연하게 부탁하거나 현주 씨의 도움을 고마워하지도 않고 오히려 무시하는 태도마저 보였습니다. 그런 상태가 몇 개월이나 지속되자 현주 씨도 참지 못하고 폭발했고, 상담실을 찾게 되었습니다.

현주 힘들어도 제 시간을 쪼개서 최선을 다해서 도와주었는데 사람들은 어떻게 그런 태도를 보일 수 있죠? 정말 괘씸해요!

상담자 그들의 어떤 태도가 그렇게 괘씸했을까요?

현주 내가 시간이 남아돌아서 도와주는 것도 아니잖아요. 물론 제가 생색을 내려고 그런 것은 아니지만 그래도 고맙다는 태도나 말도 없고요. 내가 그 사람들의 하인이 된 같아서 괘씸해요.

상담자 현주 씨에게 고맙다는 말을 한 번도 안 했나요?

현주 한 번도 안 한 건 아니지만, 그냥 분위기가 별로 고마워하지 않는 것 같아요.

상담자 고마워하는 분위기라는 것은 구체적으로 어떤 건가요?

현주 글쎄요⋯ 그건 잘 모르겠어요.

상담자 그렇군요. 현주 씨는 의식하지 않는다고 생각했지만 현주 씨의 도움을 받는 그들의 태도에 줄곧 신경 쓰고 있었네요. 그럼 만약 그 사람들이 현주 씨의 도움을 원치 않는다고 한다면 어떤 기분이 들까요?

현주 네? 제 도움이 필요 없다고요? 뭐, 저야 편하겠죠. 신경 안 써도 되고요.

상담자 어느 누구도 도와주지 않는 현주 씨의 모습을 상상해보세요. 어떤 느낌이 드나요?

현주 글쎄요. 딱 멈춰 있는 느낌이나 정지된 상태가 된 느낌일 것

같아요. 조금의 움직임도 없고 변화도 없는… 왜 이런 마음이

들까요?

현주 씨의 경우처럼 자신에게 심리적, 신체적 여유가 없음에도 다른 사람을 도와주는 것에 필사적이 되는 사람이 있습니다. 선한 마음으로 상대가 도움이 필요할 것이라고 생각하여 돕기 시작합니다. 하지만 그렇게 도와주는 마음속에는 '내가 지금 당신을 위해서 이렇게 애쓰고 있어요!'라는 생각이 싹트게 되고 도움을 받은 사람의 반응에 자신의 감정도 영향을 받게 됩니다.

그리고 누군가를 위해 무언가를 하지 않게 된다면 자기 자신을 위해 무엇을 해야 할지 몰라 줄이 끊긴 꼭두각시 인형이 되어버립니다.

혹시 다른 사람을 무리하게 돕다가 상처를 받은 적이 있나요? 예를 들어, 당신이 만 원을 가지고 있다고 합시다. 친구가 어려운 사정이 있는 것을 보고 오천 원을 주었습니다. 그런데 친구는 고맙다는 인사도 안 하고, 필요한 곳에 가치 있게 사용하지도 않습니다. 그러면 '꼭두각시 상자' 안에 갇혀 있는 사람은 '나도 없는 돈에 절반이나 주었는데 고마워하지도 않다니! 정말 뻔뻔한 사람이네! 어떻게 그럴 수가 있지!' 하며 화가 납니다.

그러나 당신이 100억대의 부자라고 가정해봅시다. 어려운 친구에게 오천 원을 주었습니다. 마찬가지로 고맙다는 인사도 안 하고 그 돈의 가치도 대수롭지 않게 여깁니다. 그런 친구에게 당신은 '어떻게 그럴 수가 있지? 내 도움을 우습게 여기다니!' 하며 똑같이 화를 낼까요? 아마도 별 감정이 없거나, 있다 하더라도 가벼운 정도로 넘어갈 것입니다. 왜냐하면 100억대 부자에게 오천 원은 아주 작은 돈이기 때문입니다. 전 재산이 만 원밖에 없는 사람이 그 재산의 절반인 오천 원을 주는 것과 100억을 가진 사람이 오천 원을 주었을 때의 감정은 다를 것입니다.

이것이 중요한 포인트입니다. 마음속이 꽉 차 있는지, 아니면 텅 비어 있는지 밖에서는 보이지 않습니다. 또한 물이 없는 텅 빈 상태에서 계속 물을 끌어 올리려고 펌프질을 하게 되면 결국 고장이 나게 됩니다. '꼭두각시 상자'에서 나오기 위해서는 타인의 욕구에 맞추었던 초점을 자신에게 돌리고, 자기 자신을 먼저 채워야 합니다.

이 사례에서 현주 씨의 경우 끊임없이 주변을 도와주고 있다고 느끼지만 주는 것만큼 돌아오는 것은 없고, 오히려 당연히 여기는 주변 사람들의 반응으로 인해 점점 더 사람들이 싫어지고 억울함이 깊어지게 됩니다. 그러다가 폭발하게 되면 주변 사람들은 당혹스러워하며 현주 씨를 이상하다고 여기게 되고, 현주 씨는 주변 사람들 모두에게 배신당했다고 생각하게 됩니다.

자기 자신에게 여유가 없는데도 나누어 주려고 하면 그 행동 자체가 스스로를 구속합니다. 유감스럽게도 여유가 없는 사람의 도움은 그다지 효과적이지 않습니다. 물론 누군가를 도와주는 행동은 훌륭하지만, 무리하게 되면 그 행위가 왜곡되기 쉽습니다.

우선은 자기 자신이 120퍼센트 행복한 상태에서 남는 20퍼센트를 나누어 주면 상대가 어떤 태도를 취하든 그다지 신경 쓰이지 않습니다. 본인이 화를 낼 필요도 없고, 상대도 안심하고 기분 좋게 그 도움을 수용합니다. 먼저 자기 자신이 여유를 갖는 것이 무엇보다 중요합니다.

CASE 2

행복하지 않은 엄친아!

자기 자신의 독자성을 발전시키지 못하면
우울하거나 쉽게 피곤해진다.
기쁨이 있어야 즐거움을 느끼는데 그렇지 못하기 때문에
'내가 왜 사는가?'라는 생각에 빠진다.

30대의 종현 씨는 일류대학을 졸업하고, 대기업에 입사했습니다. 부모님은 어릴 적부터 모범생이었던 아들을 자랑스

러워했고, 주변 사람들에게도 부러움을 한 몸에 받았습니다. 부모님이 원하던 아들로서, 또 들어가기 힘든 대기업에 입사했는데 종현 씨는 언제부터인가 쉽게 피곤해지고, 쉬는 날에는 집에만 있고, 하고 싶은 것도 없어진 지 오래입니다.

그러다가 오랜만에 고등학교 동창생을 만났습니다. 그 친구는 대학을 가지 않고 기술을 배워 작은 카센터를 운영하고 있었는데, 주말엔 산악자전거 동호회로 주중에는 색소폰을 배우러 다닌다고 하였습니다. 자신의 생활을 즐겁게 이야기하는 친구를 보며 종현 씨는 오랫동안 '즐겁다', '흥미롭다'라는 감정과 '무언가 하고 싶다'라는 욕구를 느껴보지 못했다는 사실을 깨닫게 되었습니다.

종현 저는 공부를 잘해야 하고, 좋은 대학에 들어가 우수한 성적으로 졸업해 대기업에 들어가는 것이 당연하고, 그것이 성공한 인생이라고 생각했어요. 그런데 지금 와서 생각해보니 만족감이나 즐거움, 흥미로움 같은 경험을 거의 하지 못하고 살았던 것 같아요.

상담자 그래도 잘 찾아보면 종현 씨가 살면서 즐거웠던 기억이 있을 텐데요. 또는 생동감이 있었던 일이라든지, '바로 이거야!'라고 느꼈던 순간이나….

종현   아~ 글쎄요. 으음~ 단편적인 기억이지만 대학 때 잠시 사진
동아리에 들어간 적이 있었는데요. 그때 산과 바다로 사진 찍
으러 다녔을 때가 가장 행복했던 것 같아요.

상담자 그때 찍었던 사진 중에 기억에 남는 사진이 있나요?

종현   네. 새벽에 바다에서 혼자 파도 사진을 찍었는데, 그 사진이
제일 기억나요.

상담자 그 사진을 찍었던 순간을 저에게 재연해서 얘기해줄 수 있나
요? 그때 하늘은 어땠는지, 파도 소리와 바다의 모습 등 광고
영상을 찍는 것처럼요.

종현   파도의 높이가 꽤 높았어요. 새벽 파도는 거의 검은색이었고,
무서웠지만 대단한 힘을 느꼈어요. 하늘은 회색빛이었는데
점점 태양의 붉음이 물들어 저에게 말을 걸어오는 것 같았어
요. 거센 바람에, 바다 냄새가 계속 느껴지고….

상담자 이야기를 하면서 지금 어떤 기분이 드나요?

종현   이야기를 하면서 신기하게도 가슴이 뛰네요. 왠지 그 당시처
럼 쿵쾅쿵쾅 뛰는 것 같고.

상담자 몸의 어느 부분에서 느껴지나요?

종현   가슴 언저리요.

상담자 가슴 언저리가 종현 씨에게 무언가 이야기를 한다면 뭐라고 할까요? 무엇을 알려주고 싶어 할까요?

종현 '나를 안 잊었구나! 여기 이곳에 오래 있었어. 자유롭고 싶어!' 제가 이랬군요. 열정이 있었어요. 무언가 제 안에서 꿈틀대고 있었는데, 그것을 그냥 무시하고 듣지 않고 살고 있었나 봐요. 그 파도를 보면서 저도 그렇게 힘차게 자유를 찾아가고 싶었나 봐요. 이제야 알 것 같아요.

ONE POINT LESSON

'꼭두각시 상자'에 갇혀 있는 사람은 자신이 무엇을 좋아하고 무엇을 싫어하는지 구분이 잘되지 않습니다. 예를 들어, 부모에 의해 이미 선택지가 주어지기 때문에 선택에 대한 갈등을 할 필요가 없으니 좋고 싫고의 감정이 개입되지 않습니다. 한편으로는 선택의 갈등 과정이 없어서 편하게 보일지 모르지만 정작 자신의 욕구 주머니가 없어지고 점점 좋아하는 일보다는 해야 하는 일을 선택하게 됩니다 (주어진 일, 해야만 한다고 정한 일 등). 그리고 말 그대로 사는 것이 재미가 없어지고, 하고 싶은 것은 더욱 자취를 감추게 됩니다.

사례에서 종현 씨는 자신이 여태껏 즐거웠던 적이 없었다고 기억합니다. 하지만 찾아보면 없던 것이 아닙니다. 단지, 무의식 속에서 '하고 싶다'라는 것보다 '해야 한다'라는 생각에 압도되어서 자신이 무엇을 좋아했는지, 언제 기뻐했는지의 체험을 잊어버린 것뿐입니다. 그런 사람의 경우 일상생활에서 무기력해지고 쉽게 피곤해집니다.

상담을 하면서 물어보면 처음에는 잘 생각이 나지 않지만 깊이 생각해보면 어느 누구나 살면서 생동감을 느꼈거나, 살아 있다고 느꼈던 기억을 떠올립니다. 어려운 상황이 우리의 눈을 잠시 멀게 해 내가 누구인지를 잊어버리게 하지만 우리가 경험하고 체험했던 그때의 나는 아직 그대로입니다. 가슴 뛰고 즐겁고 행복했던 그때의 내가 가지고 있었던 마음이 있었을 겁니다.

종현 씨는 자연 속에서 사진을 찍으면서 '자유'라는 마음과 '호기심'이라는 마음이 많았다고 합니다. 그때 그 '자유'와 '호기심'이 발현하면서 '즐거움'과 '흥분', '행복감'을 얻었던 것입니다.

그 마음은 내면 어딘가에 그대로 있습니다. 그리고 그 '자유'와 '호기심'을 끌어내어 잘 발현되게 할 수 있다면 현재의 삶 속에서도 다시 '즐거움'과 '행복'을 얻을 수 있습니다.

CASE 3

열심히 일을 하는데도 허무함만 가득

목표도 없이 눈앞에 닥친 일에만 급급하다 보니
매사에 참고 소처럼 일만 하는 일상이 계속된다.

"생각하고 살 틈이 별로 없습니다. 지금 제 삶이 어디로 가고 있는지도 모르겠습니다. 빨리 성과를 내야 하고 집안일도 돌봐야 하고 늘 정신 없는 생활, 다람쥐 쳇바퀴 도는 듯한 생활입니다. 매일 이런 생활이 계속되니 점점 더 괴롭기만 하고 의욕도 없습니다."

30대 중반 여주 씨는 매일 지하철 막차를 타고 퇴근해야 할 정도로 야근이 많고, 집에서도 할 일이 많아 아침에 일어날 때마다 우울한 기분이 든다고 합니다. 이런 상황에서는 늘 피곤하기만 하고, 탈출구를 찾기도 어렵습니다. 시간이 갈수록 기력도 체력도 바닥이나 활동이 어려울 정도가 됩니다.

　나는 어떻게 살고 싶은지, 어떻게 되고 싶은지, 자신의 미래도 그리지 못하는 노예와 같은 생활을 하며 '꼭두각시 상자'에 갇혀 있습니다. 우선은 환경에 지배당하는 올가미에서 탈출하기 위해 '자신이 어디로 향할 것인가?'를 정하는 것이 중요합니다.

여주　지금 하고 있는 프로젝트가 앞으로 2년은 더 계속될 것 같고, 집안일도 안정이 안 됩니다. 그저 참는 수밖에 없을까요?

상담자　2년 후에 프로젝트가 끝나고, 집안일도 어느 정도 안정이 된다면 여주 씨 생활은 어떻게 변화할까요?

여주　그렇게 되면 시간 여유도 생기고 경제적으로도 어느 정도는 안정될 것이라고 생각됩니다.

상담자　혹시 기적적으로 일이 너무 잘되어 3년 후에 완벽하게 본인이 원하는 생활을 할 수 있게 된다면 어떤 일을 하고 싶으신가요?

여주 그렇게만 된다면 저는 독립해서 개업하고 싶습니다. 지금 인
테리어 일을 하고 있으니까 멋지게 카페를 꾸며 운영하고 싶
어요. 평소에는 상상도 하지 못할 정도의 훌륭한 디자인의 의
자와 고급스러운 테이블을 준비하고….

상담자 멋지겠네요. 그런데 만약 여주 씨에게 누군가가 30킬로그램
정도의 무거운 여행가방을 들고 인천공항까지 갔다가 오라고
하면 기분이 어떨까요?

여주 해외여행 가는 것도 아니고, 목적도 없이…. 으음~ 별로 가고
싶지 않습니다.

상담자 그러면 이번에는 인천공항에 카페 디자인을 해줄 전문가가
기다리고 있고, 함께 멋진 가구를 구입하러 유럽에 갈 예정이
라면 어떨까요?

여주 그렇다면 당연히 신나게 가야지요.

상담자 이때 가방의 무게라든지 공항까지 어떻게 가야 하는지 등은
아무런 문제가 되지 않겠지요? 중요한 건 멋진 가구를 구입하
러 유럽에 가는 것이니까요.

여주 그렇지요. 제가 목표로 하는 카페를 개업할 수만 있다면 그까
짓 가방 무게나 공항까지 가는 교통편 등은 아무리 불편해도
전혀 문제가 되지 않습니다.

상담자 바로 그겁니다. 하기 싫은데 억지로 해야 하는 회사 일이나 집안일을 생각하면 힘이 나지 않습니다. 그러나 내 인생의 목표를 생각하고 설레는 미래의 그 시점을 목표로 정하고 노력하면 지금 괴로운 일들은 문제가 되지 않습니다. 멋진 가구를 사러 가는 목표가 있으면, 인천공항까지 가는 데 무거운 짐이나 불편한 교통편이 문제가 안 되는 것처럼 말이죠.

ONE POINT LESSON

인생에는 업다운이 있습니다. 다운만을 보면서 살아가는 사람도 있고, 업만을 보면서 살아가는 사람도 있습니다. '꼭두각시 상자'에 갇혀 있는 사람은 그 상자에 갇혀 매일 무의미하게 반복되는 과제만 수행하기에 앞으로도 이 생활이 별반 달라지지 않을 것이라고 예상하면서 살아갑니다. 그렇기 때문에 늘 힘이 없고, '하기 싫다'는 변명만 생각하게 됩니다.

상자에서 탈출해보면, 미래에 플러스가 되는 포인트가 있다는 것을 알게 됩니다. 플러스가 크면 클수록 중간에 어떤 고생이 있더라도 별로 신경 쓰지 않게 됩니다. 이것이 멋진 가구를 사러 인천공항에 가는 사람과 단지 무거운 짐을 옮기려고 인천공항에 가는 사람의 차이입니다. 유럽에 멋진 가구를 구입하러 가는 사람은 공항까지 가는 방법(교통편)에는 관심이 없고, 멋진 가구만 생각하고 공항에 갑니다. 그러나 무거운 짐을 옮기는 사람은 전철로 가는 것이 좋을지 버스로 가는 것이 좋을지 등 눈앞에 놓여 있는 무겁고 큰 여행가방만 바라보면서 고민하게 됩니다.

꼭두각시 상자 안에 갇혀 있으면, 발밑에만 신경 쓰면서 정작 중요한 미래의 목표를 보지 못합니다. 목표를 정하면 눈앞의 현실에만 매달리는 고민에서 탈출할 수 있습니다.

꼭두각시 상자에서
탈출하기

　지금까지 네 가지 사례를 통해 '꼭두각시 상자'에 갇혀 있는 사람에 대하여 살펴보았습니다. 사례에서 보았듯이 '꼭두각시 상자'에 갇혀 있는 사람들의 공통점은 쉴새 없이 바쁜 일상에서 기쁨이 없고 의무감만 쌓여가다 점점 무기력해진다는 점입니다. 그렇게 되는 이유 중 하나는 자신의 상태를 체크하고 신경 쓰기보다 타인의 일을 우선으로 여기기 때문입니다.

　따라서 '꼭두각시 상자'에서 탈출하기 위해서는 다음과 같은 태도가 필요합니다.

'내가 원하는 것'과 '타인이 원하는 것' 구분하기

나 자신이 원하는 것에는 귀 기울이지 못하고 타인이 원하는 것에만 몰두하고 원하는 대로 채워주려고 하면 노예가 되는 삶을 살게 됩니다. 타인의 요구를 들어주지 못하고 만족시켜 주지 못하면 상대가 자신을 싫어할 것 같고, 자신을 떠나갈 것 같아 두렵거나 상대가 슬퍼할 것 같은 생각을 떨쳐내지 못합니다. 하지만 이러한 생각은 자신을 계속 꼭두각시 상자에 갇혀 있게 하는 '속임수'일 뿐입니다.

사실 당신에게 무언가를 요구하고 원하는 사람들은 당신이 거절하면 스스로 원하는 것을 찾거나, 그 요구를 들어줄 다른 사람을 찾을 것입니다. 따라서 '내가 아니면 안 돼!'라는 생각으로 타인의 요구에 맞추는 노예 생활을 멈추어야 합니다.

그리고 스스로에게 이렇게 질문해보기 바랍니다.

'나는 어떤 일을 할 때 가슴이 뛰는 사람인가?'

'나는 5년, 10년, 20년 후 어떤 삶을 살기 원하는가?

'내가 원하는 삶을 이루었을 때 나는 어떻게 하루를 보내고 있을까?"

이런 질문을 통해 자신의 삶에 집중하게 되면 지금까지 생각해보지 못했던 미래의 목표가 구체적으로 그려지게 됩니다. 그리고 그 목표를 향해 현재 할 수 있는 것 중 성취 가능한 일을 하나씩 실천해가면 어느새 '꼭두각시 상자'에서 빠져나온 자신을 만나게 될 것입니다.

자신의 성향을 토대로 감당할 수 있는 한계 설정하기

꼭두각시 상자에 갇혀 있는 사람들의 공통점은 열정적이고 주도적인 성향보다는 책임감이 강하고 순응적인 성향의 사람들이 많다는 것입니다.

책임감이 강하고 순응적인 성향의 사람이 '꼭두각시 상자' 밖에 있을 때의 모습은 어떨까요? 일에 대해서는 신중하다 보니 조심성이 있고 성실하며 안정적으로 맡은 일을 끈기 있게 해나갑니다. 인간관계에 있어서는 마음이 통하는 사람을 찾고 싶어 하고, 그러다 보니 상대의 마음을 살피며 배려하는 모습을 볼 수 있습니다.

이러한 강점을 가지고 있더라도 끊임없는 외부의 요구에 선을 긋지 않고 자신이 감당할 수 있는 한계를 넘어서게 되면 어느새 '꼭두각시 상자'에 들어와 있게 됩니다. 따라서 일이나 인간관계에서도 감당할 수 있는 선을 정해놓는 습관이 필요합니다.

운동을 꾸준히 하는 사람을 보면 하루에 30분이나 1시간 또는 주 몇 회, 이런 식으로 시간을 정해놓습니다. 그렇게 하는 이유는 자신의 상태를 파악하고 그 이상으로 운동하게 되면 오히려 몸에 무리가 올 수도 있고, 무작정 많이 오래 한다고 해도 본인에게 효과적이지 않기 때문입니다.

일이나 인간관계도 마찬가지입니다. 자신의 상태를 무시하고 한계를 넘으면 심리적으로 무리가 오게 되고, 그것이 반복되면 결국 신체적인 고통으로 이어지게 됩니다.

그래서 업무에 대한 강박관념이 있는 사람은 '나는 신중하기 때문에 시간이 걸릴 수밖에 없어. 괜찮아!' 그리고 '오늘 일은 여기까지 충분해. 수고했어!'라고 스스로에게 말하며 멈추어야 합니다.

인간관계가 중요하고 배려심이 있는 성향의 사람은 친한 사람들의 무리한 부탁이나 직장 동료의 자기중심적인 태도를 계속 받아주게 됩니다. 그러다가 거절하지도 못하고 속으로 참다가 결국 상대가 불편하고 싫은 마음이 되어 혼자 말없이 관계를 끊어버립니다.

상대에게 상처를 주기 싫어서 부탁이나 부당한 태도를 참는 것이지만, 이는 결국 관계의 단절이라는 결과로 이어집니다. 따라서 자신이 감당할 수 있는 선을 정하고, 그 선을 넘는 상대에게는 거절하거나 힘들다고 얘기해야 합니다. 그럼에도 당신의 말을 수용하지 않고 계속 선을 넘는 사람과의 관계는 사실 당신이 신경 쓰고 에너지를 써야 할 관계가 아닙니다.

4장

좁은 시야 상자

"세상을 너무 편협하게,
그리고 단면적으로만 보는 상태"

좁은 시야 상자
열어보기

좁은 시야 상자는 전체를 보지 못하고 아주 작은 구멍을 통하여 세상을 엿보고 있는 사람들이 갇혀 있는 상자입니다.

자기에게 닥친 나쁜 일들만 찾아내어 '이것 봐! 역시 나는 아무리 노력해도 안 되는 사람이야!'라고 탄식하면서 자기가 상자에 갇히게 된 원인의 증거를 수집하는 것에만 집중합니다. 아주 작은 구멍을 통하여 세상을 엿보고 있지만, 스스로는 넓게 세상을 보고 있다는 착각에 빠져 있습니다.

그러나 실제로는 자신이 상자에 갇혀버린 원인만 찾습니다. 자신이 극단적으로 좁은 시야로 세상을 보고 있다는 사실은 전혀 모릅니다.

이 상자에 갇혀 있는 사람은 스스로 무엇인가 할 수 있다는 자신감이 없고, 스스로 실패자라고 생각합니다. 이 상자에 갇히면 집착이 점점 심해지고 끊임없이 부정적인 생각을 하며 새로운 발견을 하지 못합니다.

'좁은 시야 상자 안'에서는 세상을 너무 편협하고 단편적으로 보는 경향이 있습니다.

여러분은 눈에 들어오는 것을 모두 보고, 본 것을 다 이해하고 있나요? 우리는 사실 모든 것을 보고 있는 것이 아닙니다. 자신이 중요하다고 생각하는 것이나 흥미가 있는 것만을 보고 있습니다. 다른 정보는 무의식적으로 차단하고 있습니다.

예를 들어 "다음 달에 하와이로 여행 간다!"라고 결정한 사람은 TV에서 하와이와 관련된 광고가 나오면 자연적으로 화면에 집중합니다. 그러나 하와이에 전혀 흥미가 없는 사람은 같은 광고를 보더라도 내용을 거의 기억하지 못할 것입니다.

이렇게 사람은 원래 무의식적으로 정보를 취사선택하면서 일상생활을 하고 있습니다. 그런데 좁은 시야 상자에 갇혀 있으면, 정보를 취사선택하는 데 극단적으로 편향된 경향을 보입니다.

우울한 기분이 계속되면 괴로운 상태에서 탈출하고 싶은

기분이 강해집니다. 그래서 '빨리 문제를 해결하자!'라고 문제에 집착합니다. 때문에 그 문제에 대한 고민이 가장 중요하다고 여겨 몸과 마음이 착각에 빠지게 되는 것입니다. 그렇게 함정에 빠진 사람은 그 고민에 관한 것 외에는 아무것도 보이지 않게 됩니다.

직장에서 일을 할 때나 누군가와 사적으로 대화를 나눌 때도, 그리고 길을 걷다가 눈에 보이는 것 등 모든 것이 자신의 고민으로만 보입니다. '상자'에 뚫려 있는 '아주 작은 구멍'을 통해서만 세상을 엿보기 때문입니다. 결국, 온통 고민에 사로잡혀 주위의 아무것도 보이지 않게 되는 것입니다.

나를 점검해보기

아래의 체크 리스트로 점검해보기 바랍니다.

4~5개를 체크했다면 '좁은 시야 상자'에 갇혀 있을 가능성이

크다고 볼 수 있습니다.

3개는 약간 위험한 상태입니다.

1~2개는 비교적 안심할 수 있지만 심해지지 않도록 주의해야

합니다.

[체크 리스트]

☐ 무언가 한 가지에만 집착하는 경향이 있다.

☐ 나는 불행한 사람이라고 생각한다.

☐ 나에게 좋은 일은 없고, 늘 안 좋은 일만 생긴다.

☐ 생활에 변화가 없고 늘 같은 일상이 반복된다.

☐ 고민하고 있는 문제가 해결이 안 되고, 늘 내 주위를 맴돌고

있다.

좁은 시야 상자
들여다보기

CASE 1

"잘못된 것은 바로 잡아야죠!"

예의 없는 태도나 행동을 보면 참을 수가 없다.
비판만 하지 말고 다른 해석을 시도해볼 필요가 있다.

타인의 행동이나 태도를 보고 '뭐 하는 짓이야!', '저러면 안
되잖아!'라고 비판하고 싶어질 때가 있습니다. 좁은 상자에
갇혀 있는 사람이 이런 비판적인 기분에 사로잡히면, 어디를
가든 어떤 일을 경험하든 바로 비판하고 싶은 기분에 휩싸이
게 됩니다. 가족의 이야기나 동료의 행동, 자신보다 나이가 어

린 사람들의 매너 등 모든 것이 마음에 들지 않고 기분이 상합니다. 상한 기분이 드는 것은 잘못된 것이 아니지만 그 기분에 계속 사로잡혀 있으면 결국 효과적이지 못한 행동이 따라오게 됩니다.

20대 후반의 직장인 정규 씨는 따뜻하고 청명한 어느 봄날, 분위기 좋은 오픈 카페에서 우아하게 홍차를 마시고 있었습니다. 그때 옆자리에 있던 여성이 큰 목소리로 전화 통화를 하기 시작했습니다.

정규 씨는 처음에는 참았지만, 그 여성이 전화하는 소리가 너무 시끄러워서 "조용히 좀 하세요!"라고 목소리를 높이며 화를 냈습니다. 그런데 그 여성은 아랑곳하지 않고 통화를 계속했습니다. 마치 정규 씨를 무시하는 것처럼 계속 시끄럽게 통화하는 것이었습니다.

그런 태도에 너무 화가 난 정규 씨는 카페의 매니저에게 주의를 주라고 부탁했습니다. 그러자 매니저가 그 여성에게 다가가 주의를 주었고, 그 여성은 전화를 끊고 정규 씨에게 다가와 정중하게 사과했습니다. 그리고 그녀는 정규 씨에게 다음과 같이 얘기했습니다.

"정말 죄송합니다. 지난 2년간 가족을 버리고 행방불명이 되었던 남편이 갑자기 전화를 걸어왔습니다. 그래서 정신이 없었습니다. 사실 2년이나 시간이 흘러 남편이 어디에서 죽은 건 아닌가 생각했는데, 연락이 오니 기쁘기도 했지만 화가 나서 흥분한 나머지 목소리가 커졌습니다. 조용히 차를 드시는 데 제가 분위기를 망쳐서 죄송합니다."

정규 씨는 아직도 흥분이 가라앉지 않아 얼굴이 새빨갛게 되어 있는 그녀의 얼굴을 보았습니다. 시끄럽다고 화를 내고 카페의 매니저를 불러 주의를 준 일이 미안하여 그녀에게 사과했습니다. 오히려 자신이 정말 중요한 통화를 하고 있는 사람을 방해한 것이 아닌가 하는 생각을 하게 되었습니다.

> **ONE POINT LESSON**
>
> 일반적으로 카페나 좁은 공간에서 큰 소리로 통화하는 사람이 있다면 시끄럽고 화가 날 수 있습니다. 그리고 타인에게 피해를 주는 경우라면 그만해 달라고 요청할 수도 있습니다. 그런데 그럴 경우 '저 사람 도대체 왜 저러는

거야? 정신 나간 사람 아니야? 잘못하고 있다고 알려줘야 해!'라고 흥분된 마음으로 다가간다면 결국 상대와 갈등을 빚게 됩니다. 좁은 시야 상자에 갇혀 있게 되면 내가 판단하고 있는 것이 사실이라는 확신에 내가 판단한대로 타인을 쉽게 비판합니다. 그 비판하는 마음에는 앞뒤 전후 사정을 살피지 않고 '상대방이 잘못했어!', '잘못된 것을 바로잡아주어야 해!'라는 생각을 담고 있습니다.

따라서 좁은 시야 상자에 갇혀서 비판적인 기분이 생길 때, 다르게 해석하는 시도를 해볼 필요가 있습니다. 다른 시도란, 무언가 이해할 수 없는 타인의 행동이나 발언을 대했을 때, 평상시처럼 '잘못되었어! 옳지 않아!'라는 생각 대신에 '내가 이해하지 못한 무언가가 있을 수도 있어!'라고 해석하는 것을 말합니다. 비판하는 대부분의 경우는 상대에 대한 이해가 부족한 경우가 많습니다.

사실 좁은 시야 상자에 갇혀 있는 사람은 자신은 완전 무결하고, 자신이 생각하는 것이 세상을 사는 모든 사람의 기준이라고 생각하기 쉽습니다. 그래서 그 기준에 맞지 않는 사람은 모두 잘못되었고 마음속에서 '인간이란 ○○○

한 것이야', '남자는 이래야 해', '학생은 저래야 해'라는 자신이 정한 규범에 근거하여 살아갑니다. 때문에 자신의 기준에 맞는 사람이 거의 없다는 사실과 본인이 세운 그 기준이 얼마나 주관적이고 허술한지조차 알아채지 못합니다.

평범한 우리 이웃들이 일부러 잘못되는 것을 원하거나 누군가에게 피해를 주기 위해 살아가지는 않습니다. 그런데도 이상하게 보이는 행동을 하게 되는 것은 무언가 일이 틀어졌거나 잘 몰라서 그런 경우가 많습니다. 경우에 따라서는 '저 사람 때문에 피해받고 있어!'라는 해석이 부적절한 결과를 낳을 수도 있습니다. 누군가가 마음에 들지 않는다고 느낄 때, 그 사람의 상황, 생각, 감정 등을 추론하다 보면 오히려 자신의 세계가 더 넓어지고 조망수용*의 수준이 높아져 있는 것을 깨닫게 될 것입니다.

---

* 조망수용perspective taking: 자신이 보고 듣고 생각하고 느낀 바가 타인과 다를 수 있음을 인식하고 독립적으로 받아들여 타인의 상태를 그 사람의 입장에서 이해할 수 있는 능력

"대화하고 싶은데 무슨 이야기를 할지 모르겠어요!"

자신감이 없어 대화를 이어갈 화제가 없다고 생각한다.
상대의 이야기를 경청하고 호응만 해도 대화는 순조롭게 진행된다.

20대 청년 유혁 씨는 누군가와 얘기할 때 대화가 이어지지 않는 고민이 있습니다. 대화가 중간에 끊기면 분위기가 어색해집니다. 그뿐만 아니라 무슨 얘기를 해야 할지 모르겠고 다양한 화제가 없기 때문에 대화가 이어지지 않는다고 생각하고 있습니다. 그래서 누군가와 단둘이 있게 되는 상황이 되면 긴장하게 되고 머리가 갑자기 멈추는 듯한 느낌이 됩니다.

유혁 씨는 좁은 시야 상자에 갇혀 빠져나오지 못하고 있는 상태입니다. 20년 이상 살아왔는데 누군가와 할 얘기가 없는 사람이 있을까요? 유혁 씨는 실제로 '화제'가 없는 것이 아니라 '얘기해도 좋다고 생각되는 화제'가 없는 것입니다. 실제로 상담을 통해 유혁 씨의 문제를 알게 되었습니다.

상담자 어릴 때부터 누군가와 대화가 잘 이어지지 않았나요?

유혁 네. 어릴 때부터 그랬어요. 초등학교 때 농구부였는데 대화는 별로 안 했어요.

상담자 농구부였다고요?

유혁 네. 부주장도 했었고, 포지션은 슈팅가드였습니다.

상담자 슈팅가드요?

유혁 네. 주로 3점 슛을 던지는 역할이었기 때문에 말없이 슛 연습만 했습니다.

상담자 3점 슛? 와우! 멋지네요.

유혁 네. 3점 슛이 들어가면 정말 기분도 좋고 멋지죠.

상담자 그런데 얘기하다 보니 농구라는 화제가 있네요.

유혁 그런 생각을 해본 적은 없었는데….

상담자 아니지요. 지금 저하고 얘기가 잘되고 있잖아요.

유혁 뭔가 얘기하기 편한 분위기라서요.

'뭔가 얘기하기 편한 분위기'는 인위적으로 만들 수 있습니다. 유혁 씨는 '화제가 없는 것'이 아니라 '이야기해도 좋다고 생각되는 화제'가 없다고 생각하는 것입니다.

20년 이상 많은 경험을 했기 때문에 화제는 충분히 있습니다. 단지 상대방에게 이 이야기를 해도 좋을지 무의식적으로 체크한 후에 '이 사람에게 이런 이야기를 해도 소용없어!', '이런 이야기를 하면 재미없어할 거야!"라고 단정하면서 쉽게 말을 꺼내지 못하는 것입니다. 상대가 반응이 없거나 흥미가 없는 듯한 태도를 보이면, 유혁 씨 같은 유형은 자신이 말주변이 없거나 이야기할 화제가 없다고 착각하는 경향이 있습니다.

ONE POINT LESSON

일반적으로 대화가 끊기는 분위기에서는 '무슨 얘기를 할까?'만을 골똘히 생각하기 때문에 상대의 이야기에 적극적으로 호응하지 못합니다. 자기가 이야기할 화제에만 집중하기 때문에 상대방의 이야기가 들리지 않습니다. 사람은 자신의 이야기에 상대방의 맞장구로 돌아오면, 긍정적인 상태가 되어 대화가 지속됩니다. 반대로 맞장구가 적어지면 분위기가 어색해지고 결국에는 대화가 중단됩니다.

사례의 대화처럼 상대의 이야기를 잘 듣고 '농구부!', '슈팅가드?', '3점 슛?' 이렇게 단어만이라도 반복하여 맞장구를 쳐줘도 '당신과 이 화제로 이야기하는 것이 좋습니다'라고 전달되는 것입니다.

무엇인가를 억지로 이야기하려고 하기보다는 상대방의 이야기에 맞장구를 쳐주는 것만으로 아무런 문제 없이 대화가 진행됩니다. 고민하여 생각해야 하는 화제보다는 끄덕이면서 맞장구를 치는 것이 대화를 잘 이끄는 방법입니다.

— **CASE 3** —

"나는 블랙만 어울려!"

변화를 두려워하여 늘 자신의 스타일만을 고집한다.
집착에서 벗어나 변화를 시도하면, 새로운 기분을 느낄 것이다.

광현 씨는 누나들이 어릴 때는 뚱보라고 놀리기도 했고, 함께 자라면서 날씬한 누나들을 보면 본인만 뚱보가 된 것 같아 늘 외모에 신경이 쓰였습니다. 외모에 자신이 없고 스스로 뚱뚱하다고 자책하던 광현 씨는 어느 날 검은색 티에 검정 바지, 검정 양말을 신고 거울을 보니, 머리도 검은색, 얼굴도 밝은 톤이 아니니 거울에 비춰진 검은색이 자신의 콤플렉스를 감춰주는 것 같았습니다. 그때부터 광현 씨는 출근할 때도 늘 양복과 구두, 넥타이까지 모두 검은색으로 하고 다녀 사람들이 블랙맨이라고 불렀습니다. 그러던 중에 여자친구를 사귀게 되었는데 여자친구는 검은색만 입는 광현 씨에게 불만을 표시하기 시작했습니다.

광현 여자친구가 제가 사귀기 시작할 때부터 검은색만 입는다고 매력이 없고 멋도 없는 남자라고 해요. 그래서 계속 관계를 이어가야 할지 고민된다고 해요.

상담자 여자친구가 검은색을 싫어하는 또 다른 이유가 있다고 생각하시나요?

광현 저를 싫어하지는 않지만 검은색에 집착하는 성격에 거부감이 있는 것 같아요. 솔직히 다른 부분은 잘 맞는 것 같아서 이대로 헤어지는 것은 싫고, 그렇다고 지금까지 검은색 이외에 옷을 입어본 적이 없어서 두렵기도 하고요.

상담자 혹시 자신을 가장 잘 표현할 수 있는 동물이 있다면 어떤 동물일까요?

광현 음, 글쎄요…. 공작새?

상담자 아~ 깃털이 화려한 공작새요? 이유를 알 수 있을까요?

광현 사실 제가 줄곧 검은색을 고집하긴 했지만 한편에는 항상 주목받고 싶은 마음이 있어요. 내가 중심에 서고 싶고 TV에서 화려하게 비치는 연예인들 보면 부럽기도 했어요. '나도 저렇게 빛났으면 좋겠다. 눈에 띄었으면 좋겠다'라고요.

상담자 이미 눈에 띄고 주목받고 계신데요?

광현 네?

상담자 머리에서부터 발끝까지 다 검은색이어서 블랙맨이라고 불리잖아요. 화려한 색상의 옷은 아니지만 누구나 광현 씨를 보면 바로 주목할 것 같은데요?

광현 아~ 전 그냥 제가 부끄럼을 타고 뚱뚱함을 감추기 위해 검은색을 입는다고 생각했어요. 그래도 사람들이 절 좋아하는 건 아니잖아요.

상담자 그럼 광현 씨가 자유롭게 자신을 드러낸다면 어떤 면을 보여주고 싶나요?

광현 사실 제가 편한 사람들에게는 유명인들 말투나 표정 흉내를 잘 내요. 그래서 부모님이나 누나들은 제가 그렇게 흉내 낼 때

재미있어해요.

상담자 아~ 그런 재능이 있으셨군요. 또 어떤 면이 있을까요?

광현 마술강사 자격증이 있어요. 가끔 재능기부로 복지관에서 어르신들을 모시고 마술 시연을 하면 너무 좋아하셔서 저도 신나서 하는 것 같아요.

상담자 와우! 정말 연예인 같은 끼와 재주가 있으시네요. 여자친구에게 보여주셨나요?

광현 네? 아직… 좀 더 시간을 두고 친해지면 보여주려고 했어요.

상담자 여자친구는 광현 씨가 얼마나 매력적이고 끼가 있는 사람인지 모르는 것 같고, 멋도 없다고 했어요. 하지만 사실 검은색 종류도 수십 가지가 있잖아요. 그처럼 다양한 검은색을 즐기는 멋진 사람이라는 사실도 모르고 있네요.

광현 아~ 네. 그렇게 생각할 수도 있겠네요. 그런 생각은 안 해봤어요.

상담자 지금의 새로운 생각이 앞으로 광현 씨의 삶에 어떠한 영향을 줄 것 같은가요?

광현 검은색을 입는 제가 부끄럽다는 생각보다는 '나 나름대로는 그런 식으로 나를 드러내고 있었구나!'라는 생각이 들면서 지금까지처럼 사람들 앞에서 위축되지는 않을 것 같아요. 그리고 여자친구에게도 좀 더 자신 있게 '나'라는 사람에 대해 설명할 수 있을 것 같아요.

ONE POINT LESSON

광현 씨는 반짝반짝 빛나는 사람으로서 주목받고 싶었지만 겉으로 보이는 외모가 그것을 방해한다고 느꼈습니다. 그래서 빛나지 않을 바에는 철저히 자신을 가리는 것을 선택했습니다. 하지만 광현 씨 내면에 있는 다양한 끼는 여러 재능으로 발현되고 있었고, 방법은 달랐지만 다른 사람들의 눈에 띄며 주목받고 있었습니다. 검은색 옷만 입는 것을 과거의 상처를 가리기 위해 집착하는 행위로 해석하고 있었다면 이젠 독특한 방식으로 자신을 드러내고 있었다고 재해석함으로써 새로운 정체성을 얻게 되었습니다. 앞으로 광현 씨가 검은색 옷을 입든 다른 색 옷을 입든 상관없이 '나를 어떻게 표현하고 살까?'라는 넓은 시야를 가지고 열심히 살아갈 모습이 상상됩니다.

당신에게는 잠재된 놀라운 능력이 있다

한 번도 경험하지 못한 일이기에 도저히 시도해볼 자신이 없다.
자신의 놀라운 힘과 가능성, 잠재력이 있음을 믿고 도전하자!

많은 사람이 자신의 놀라운 잠재력을 잘 모른 채 살아가는
경우가 많습니다.

영만 씨는 중소기업에 입사한 초기부터 회계업무에 배치되
어 지금까지 근무하고 있습니다. 최근 경영이 악화되어 구조
조정을 하는 분위기인데, 아직은 퇴직 대상이 아니지만 보직
을 변경하게 되었습니다. 그런데 상사로부터 입사 후 지금까
지 수년간 어렵게 배운 회계 분야에서 영업부서로 배치될 예
정이라는 얘기를 들었습니다. 순간 머리가 하얗게 되었고, 영
업부서에서 새로운 거래처를 발굴하고 그들과 새로운 관계를
만들어간다는 것이 상상이 되지 않았습니다. 그리고 영업에
투입된 영만 씨는 선배와 함께 기존 거래처를 방문하는 것으
로 업무를 시작하였고 모든 것이 낯설어 매 순간이 긴장되어

버겁고 괴로웠습니다.

영만   (한숨을 쉬며 어두운 표정으로) 아무래도 회사에서 나가라고 하는 것이 아닌가라는 생각도 들고, 앞으로 어떠한 결정을 해야 할지 상담하고 싶습니다. (영만 씨는 그간의 정황을 괴로운 모습으로 자세히 설명했습니다.)

상담자   지금 대단히 어려운 상황이시네요? 현재 마음은 어떠신가요?

영만   고민이 됩니다. 아내와 상의했지만 힘들더라도 아이들 교육 문제도 있으니 참으라고 하네요. 자존심도 상하고요. 내가 이러한 대우를 받으려고 지금까지 회사에 충성했나 하는 배신감도 느낍니다.

상담자   마음도 상하시고 자존감도 떨어지신 것 같아요. 학교 다니실 때는 어떠셨나요?

영만   저는 논리적이고 차분하고 정적인 성격이라 운동이나 활동적인 것은 별로 좋아하지 않았어요. 회사에서 요구하는 영업은 도저히 자신이 없어요. 누구에게 배워본 적도 없고 경험해보지도 않았고요. 영업부서는 늘 실적에 쫓겨 고생한다는 직원들의 불평을 자주 들었으니까요.

상담자   지금까지 본인이 원하지 않은 일을 해본 적이 없으신가요?

영만 아닙니다. 어떻게 사람이 자기 원하는 것만 하고 사나요. 사실 집이 가난해 장학금을 받아야 해서 어쩔 수 없이 경영학과에 진학했지만 원래는 한의학을 공부하고 싶었어요. 어떻게 보면 제가 원하는 것을 선택하며 산 적이 거의 없는 것 같아요.

상담자 그럼 원하지 않고 익숙하지 않은 일을 시작할 때 처음에 어떻게 하시나요?

영만 시간이 좀 걸려요. 전 예측이 안 되면 움직이기가 힘들더라고요. 그래서 자료를 많이 찾고 실수하지 않기 위해서 잘된 케이스보다는 잘 안 된 케이스를 좀 더 연구하는 편이에요.

상담자 그러면 처음 거래처를 찾아갈 때 긴장을 덜 하려면 어느 정도 걸릴까요?

영만 아마 몇 군데만 더 다니면 될 것 같으니… 2주 정도요?

상담자 그럼 영업에 관한 자료가 파악되고 거래처를 편하게 방문할 수 있으려면 며칠 정도가 걸릴까요?

영만 음, 아마 그것도 2주 정도요? 지금도 자료를 보고 있으니까요.

상담자 그럼 4주 이후에는 지금보다 조금 더 편하고 더 많은 정보를 가지고 영업을 할 수 있겠네요?

영만 네, 그렇겠지요. 4주 만에 그렇게 될 수 있으면 좋겠어요.

한동안 영만 씨는 방문하지 않았고 소식이 궁금하던 중 찾아왔습니다. 영만 씨는 한 달 뒤에 뜻하지 않게 새로운 거래처를 발굴하게 되었다고 합니다. 그리고 퇴직한 선배에게 자신이 영업에 소질이 있다는 긍정적인 피드백과 큰 격려를 받았다고 합니다.

ONE POINT LESSON

인생을 살다 보면 한쪽 문만 있는 줄 알았는데 뜻밖에도 다른 문이 있다는 것을 발견하게 되는 경우가 있습니다. 영만 씨는 상담을 통하여 자신은 어려움이나 갑작스러운 변화에 처음에는 두려워하고 걱정했지만, 그래도 그때마다 '후퇴하지 않고 극복해왔구나!' 하고 뒤돌아보게 되었습니다.

좁은 시야 상자에 갇혀 스스로 사무직이라는 틀에 자신을 고정하고 변화에 대한 두려움으로 자신이 이미 가지고 있는 가능성을 보지 못했습니다. 하지만 영만 씨는 자신의 모습을 수용함으로써 드디어 변화하고자 하는 마음을 가지게 되었고, 그 마음은 창의적인 방향을 이끌었습니다. 그래서 한 달 동안 열심히 준비했고 부딪혀 보며 자신이 아직 발견하지 못한 새로운 재능들을 발견하게 되었습니다.

갑작스러운 변화나 사건은 좁은 시야 상자에서 탈출하여 새로운 나를 만나는 멋진 선물일 수 있습니다.

좁은 시야 상자에서
탈출하기

한 예능 방송에서 연예인들이 고깔모자를 얼굴에 쓰고, 모자에 난 작은 구멍을 통해 물건을 빨리 찾아내는 게임을 했습니다. 고깔모자를 썼을 때의 시야를 카메라에 비추니 시청자가 보는 TV 화면에는 너무나도 구멍이 작아 거의 보이는 게 없어서 답답했습니다. 고깔모자의 작은 구멍으로 꽃을 보면 꽃의 한 부분만 보게 되고 전체를 보지 못하기 때문에 꽃의 아름다움을 알 수도 없을 것입니다. 이렇게 작은 구멍을 통해 꽃의 한 부분만 본 사람이 꽃에 대해서 설명한다면 여러분은 어떤 생각이 드실까요?

내가 보는 부분이 전부가 아님을 직시하고 조금 더 넓게 보기

'좁은 시야 상자'에 갇힌 사람은 자신의 과거 경험이나 알고 있는 지식만으로 판단하기 쉽기 때문에 상상력이 부족할 수 있습니다. 상상력이 없는 사람은 기본적으로 사물이나 현상에 대해서 한쪽만 보기 때문입니다. 따라서 의식적으로 다각도로 보는 습관을 키울 필요가 있습니다.

예를 들면 하나의 그림을 본다고 했을 때 그 그림이 아름답다고 느낀다면 왜 그렇게 느끼는지, 반대로 아름답지 않은 부분은 어떤 면인지를 생각해보는 것입니다. 사물이나 현상에는 여러 다양한 면이 있습니다. 그것들을 이리저리 파악해보는 습관을 들이게 되면 신기하게도 여러 가지 아이디어가 나오게 되고 상상력이 향상될 수 있습니다.

눈앞의 것보다 앞으로 나아갈 방향에 대해 조금 더 길게 보기

'좁은 시야 상자'에 쉽게 빠지는 사람들은 부정적인 면만 있는 것이 아닙니다. 이들은 주어진 과제를 실수 없이 해내고, 한 가지를 깊게 탐구하는 능력이 있습니다. 그래서 이러한 경향의 사람에게 일을 주면 집중력이 있어 잘 해냅니다. 하지만 범위가 한정되어 있고 주어진 것만 하기 때문에 시간이 지나면서 허무감이나 공허함을 느끼기 쉽습니다. 그리고 점점 틀에서 벗어나는 것이 두려워 새로운 상황이나 기회를 회피합니다. 그러다가 외부에서 변화를 요구받는 상황에 직면하면 갑자기 큰 불안을 느끼게 됩니다.

삶의 의미와 가치를 추구하는 것은 모든 인간의 기본적인 욕구입니다. 지금 당장 해야 할 일에만 집중하다 보면 자신의 인생 전반을 보지 못하게 되고 방향을 잃게 됩니다. 따라서 1년 뒤의 조금 더 나은 나의 모습이나 5년 뒤, 10년 뒤의 모습을 떠올리며 내 삶의 목적과 의미를 음미해보는 시간이 필요합니다. 조금 더 나은 나의 모습을 위해 지금 당장 해야만 하는 것 때문에 잃어버리고 있는 것은 무엇인지를 깨닫게 되면 '좁은 시야 상자'에서 빨리 탈출하고 싶어집니다.

옳다, 그르다 판단하지 말고 상대의 말에 일단 귀 기울이기

사례에서 소개되었듯이 '좁은 시야 상자'에 갇힌 사람은 자신의 판단이 옳다고 생각하기 때문에 상대의 말이 잘 들리지 않습니다. 이런 유형의 사람에게는 상대의 이야기에 설득될 필요도 없고, 상대의 말을 따를 필요도 없다는 생각으로 처음부터 저항하지 말고 귀만이라도 열어놓는 습관이 필요합니다. 자신의 말이 옳다고 해도 상대의 말을 그냥 들어보는 것도 나쁘지 않겠지요.

그래서 어떤 말이라도 우선 상대의 형편과 이유를 들어봅니다. 그렇게 반복하다 보면 지금까지 고집불통 또는 융통성 없다고 비쳤던 모습에서 커뮤니케이션 능력이 능숙한 사람으로 비치게 될 것입니다. 커뮤니케이션은 말하는 것보다 듣는 태도가 더 중요하기 때문입니다.

"5년 뒤, 10년 뒤의 모습을 떠올리며
내 삶의 목적과 의미를 음미해보는 시간을 가져보세요."

5장

무조건 네네 상자

"다른 사람의 말을 의심 없이 다 받아들이며
고립되어 늘 정보가 부족한 상태"

무조건 네네 상자
열어보기

　'무조건 네네 상자'에 갇혀 있는 사람들은 자기 자신에 대한 이해도가 낮아 자신의 주관과 판단을 신뢰하지 못하는 경향이 있습니다. 그래서 누군가 접근하여 친절하고 자상하게 정보를 주면, 그 정보를 통해 외부세계를 파악하려고 합니다. 주위의 친한 누군가가 "당신은 뭘 해도 안 되는 사람이니 모든 것을 어머니에게 맡기세요"라고 말하면, "아! 그렇지. 나는 안 되지. 그러니까 어머니에게 모두 맡겨야지!"라고 쉽게 판단합니다.

　무조건 네네 상자 안에 갇혀 있으면 정보의 진위를 정확하게 판단할 수 없기 때문에 정보의 대부분을 그대로 믿고 수용합니다. TV나 인터넷, 지인에 의한 잘못 이해되거나 지나치게 왜곡된 정보라 하더라도 그대로 받아들여 상자 안에서 공포에 벌벌 떨고 있는 것입니다.

무조건 네네 상자의 가장 큰 폐해는 근거 없는 풍문이나 험담에 지나치게 민감하거나 다른 사람의 말을 그대로 받아들이는 것입니다. 누군가가 의도적으로 정보를 왜곡하여 전달해도 의심하지 않고 받아들임으로써 누군가의 조종을 받는 인생이 될 수도 있습니다.

때문에 정보를 있는 그대로 무조건 수용할 것이 아니라 자신의 생각과 가치관으로 판단하는 것이 중요합니다. 수동적이 아니라 능동적이고 주체적으로 정보를 받아들이고 소통해야 합니다.

나를 점검해보기

아래의 체크 리스트로 점검해보기 바랍니다.

4~5개를 체크했다면 무조건 네네 상자에 갇혀 있을 가능성이 크다고 볼 수 있습니다.

3개는 약간 위험한 상태입니다.

1~2개는 비교적 안심할 수 있지만 심해지지 않도록 주의하여야 합니다.

[체크 리스트]

☐ 주위 사람들의 말을 무조건 다 옳다고 생각하고 수용한다.

☐ 인터넷이나 유튜브 등에서 가짜 뉴스를 구별하지 못하고 신뢰한다.

☐ 근거 없는 소문이나 쓸데없는 뒷담화 등에 민감하게 반응한다.

☐ 나에게 적합한 정보가 무엇인지 취사선택하지 못한다.

☐ 무조건 부모가 시키는 대로만 한다.

무조건 네네 상자
들여다보기

"나를 비난하는 상사를 이제는 믿을 수가 없어요!"

헛소문을 그대로 믿고 고민에 빠진다.

거짓 정보의 함정에 빠져 고민하지 말고 우선 사실을 확인하자!

　　회사의 인간관계에서는 수많은 정보가 뒤죽박죽 섞여 흘러다닙니다. 누군가에게 들은 정보는 다른 누군가가 가공한 정보가 섞여 있을 가능성이 큽니다. 그러한 정보를 그대로 믿고 받아들이면 무조건 네네 상자에 갇히게 되어 점점 판단이 흐려지게 됩니다.

30대 직장인 여주 씨는 늘 자신감을 가지고 일을 잘하는 직원이었습니다. 상사인 최 부장은 늘 여주 씨가 열심히 잘하는 것을 칭찬하였고, 여주 씨도 상사의 칭찬이 큰 힘이 되었습니다. 그런데 어느 날, 여주 씨는 동료에게 떠도는 이상한 소문을 듣게 되었습니다.

"최 부장이 최근에 당신에 대해서 안 좋게 생각한다는데?"

그날부터 여주 씨는 최 부장과 멀어지기 시작하였습니다. 그러면서 '최 부장은 내 업무 방식이 마음에 들지 않는 거야!', '최 부장이 나를 나쁘게 평가하게 된 이유가 뭘까?' 등을 심각하게 고민하기 시작했습니다. 날이 갈수록 여주 씨의 안색이 어두워지고, 업무도 예전처럼 자신감 있게 처리하지 못하고 실수도 하게 되었습니다.

그런 모습을 지켜보던 최 부장이 여주 씨에게 "요즘 뭔가 피곤해 보이고 업무 처리도 예전 같지 않은데… 왜 그러는 거야?"라는 주의를 주는 순간, 여주 씨는 완전히 낙담하게 되었습니다. '아, 이제 끝이구나!' 이런 생각에 너무도 고민이 되어 상담실을 찾아왔습니다.

상담자 처음에 들은 소문이 맞는지 최 부장에게 확인하셨나요?

여주 아니요. 어떻게 그걸 확인하겠어요?

상담자 사람은 어떤 가설을 만들면 그 가설을 증명하기 위한 정보를 차곡차곡 모으게 됩니다. 여주 씨의 경우에도 '최 부장이 나를 싫어하는 것 같아!'라는 가설을 무의식적으로 증명되었다고 생각하는 것 같습니다.

여주 하지만 얼마 전에 최 부장이 저를 야단쳤어요.

상담자 그건 여주 씨가 예전처럼 업무 처리를 하지 못해서 생긴 일이지요? 그리고 그렇게 생각하게 된 원인은 확인하지도 않은 소문 때문이고요.

여주 네, 생각해보니 그건 그렇습니다.

상담자 여주 씨 눈으로 직접 확인한 사실이라면 수긍할 수 있지만, 그렇지 않고 단지 타인에게 들은 정보가 100퍼센트 사실이라고 확신할 수 있나요? 특히 이해관계가 얽혀 있는 직장에서는 소문을 만드는 사람이 자기 멋대로 각색하여 악의적으로 퍼트리기도 합니다.

여주 그러면 최 부장이 저를 나쁘게 생각하지 않는다는 말씀이신가요?

상담자 그럴 가능성이 있다고 생각합니다. 여주 씨가 무조건 소문을 그대로 믿기 전에 분명하게 최 부장에게 사실을 확인했다면 어땠을까요?

사람은 너무도 간단하게 사실을 왜곡합니다. 특히 타인에 대한 험담이나 뒷담화는 그 이야기를 듣는 사람에 따라 다르게 해석하여 자신의 좋고 싫음의 기준에 따라 의도적으로 꾸며낸 이야기도 많습니다.

자기 멋대로 자기 입맛에 맞는 부분만 강조하고, 자기에게 불리한 부분은 삭제하거나 미묘하게 왜곡하면서 소문을 만들어내는 것입니다. 무조건 네네 상자 함정에 빠진 사람은 다른 사람의 정보를 그대로 믿게 되어 그 때문에 고통을 당하는 것입니다.

자신의 인생이니 자기 눈으로 직접 확인한 사실만 믿는 것이 바람직합니다. 상사에게 사실을 확인하는 것이 힘들 수 있습니다. 하지만 자신을 비난했다는 상사를 계속 미워하며 스트레스를 받는 것이 더 고통입니다. 때문에 장기적인 관점에서 바람직한 선택을 하는 지혜가 필요합니다.

"가족들의 말대로 아내와 헤어지는 게 맞을까요?"

자신이 보고 싶은 것만 보면서 오류에 빠진다.
신념을 재검토하며 가치있는 방향으로 나아간다.

───────────────────────────────

결혼 2년 차인 혁진 씨는 아내와 이혼 문제로 고민 끝에 상담실을 찾았습니다. 혁진 씨와 아내는 늦은 나이에 선을 보고 3개월 만에 결혼하게 되었습니다. 특히 혁진 씨는 홀어머니와 2명의 누이에게 경제적으로나 심리적으로 든든한 아들입니다.

혁진 씨와 아내는 결혼 전 가족들과 밀접한 관계로 함께 여행도 다니며 가정의 화목은 '무언가를 함께하는 것'이라고 하는 불문율을 가지고 있었습니다. 그런 가족의 일원이 된 혁진 씨의 아내는 결혼 초부터 불편함이 쌓이다가 결국 2주 전 시어머니와의 갈등으로 그동안 쌓여왔던 불만을 터트렸습니다. 시어머니 또한 아내의 말대꾸에 충격을 받으셨고, 누이들과 함께 혁진 씨의 아내를 비난했습니다.

착한 아들이자 누이들의 힘이 되어주었던 평화주의자 혁

진 씨는 그때부터 갈등을 해결하고자 애썼습니다. 하지만 시간이 지날수록 아내의 입장보다는 자신의 어머니와 누이들이 힘들어하는 모습에 더 마음이 쓰였고, 점점 아내를 향한 가족들의 비난에 동의하게 되었습니다.

어머니와 누이들의 말처럼 배우자의 가족을 사랑해주지 못하는 아내와 결혼생활을 계속해야 할지 어떨지 하루하루 고민은 깊어졌습니다.

상담자 아내와 결혼을 결심한 가장 큰 이유는 무엇일까요?

혁진 글쎄요. 어머님이 신뢰하는 분이 소개해주셨고, 아내도 마음에 들었어요.

상담자 아내의 어떤 부분이 가장 마음에 들었나요?

혁진 열정적인 면이 있었어요. 저는 조용하고 무채색 같은 느낌이지만 아내는 성격이 당당하고 밝아서 같이 있으면 기운이 나는 느낌을 받았어요.

상담자 지금은 아내에 대해 어떤 마음이신가요?

혁진 어머니와 아내와의 갈등 이후로 제가 느낀 부분인데요. 아내가 공격적이고, 되바라졌다고 해야 하나요? 자기가 하고 싶은 대로 해야 직성이 풀리는 성격인 것 같아요.

상담자 아내에 대한 마음이 결혼 전과 후가 크게 달라진 것 같은데 지금 말씀하신 공격적이고 거칠고, 통제가 안 되는 면은 아내의 어떤 행동 때문에 그렇게 느끼신 건가요?

혁진 저에게 직접 그렇게 한 것은 아니고, 어머니와 아내가 말다툼을 했는데 그때 어머니가 그렇게 말씀하시더라고요.

상담자 그럼 혁진 씨가 그 자리에서 아내의 그런 행동을 직접 본 건 아니네요?

혁진 그렇기는 하지만, 그런 얘기를 듣고 보니 아내의 공격적이고 멋대로인 면이 점점 보이더라고요.

상담자 갑작스럽지만 제 코가 어떻게 생겼는지 좀 봐주시겠어요?

혁진 네? 아, 네….

상담자 제 얼굴에는 이마와 눈, 코, 입이 있었는데, 제가 코를 봐달라고 말하기 전까지는 제 코가 명확하게 안 보였을 겁니다. 그렇지요?

혁진 그렇죠.

상담자 그런데 지금은 어떤가요?

혁진 말씀하시기 전보다 코가 어떻게 생겼는지 좀 더 구체적으로 보이네요.

상담자 맞아요. 혁진 씨의 아내에 대해서도 그전까지는 크게 의식하지 않았던 부분들이 어머니와 누나들의 말 이후에 집중되어 보이고 더 두드러져 보이는 거죠. 아내의 공격적이고 거친 면, 통제가 안 되는 면은 결혼 전에도 있었어요. 밝고 에너지 넘치고 주변에 기운을 돋게 하는 사람이라면 스트레스를 받거나 긴장할 때 공격적이고 거친 면들이 드러나 보일 수 있죠. 아내가 원래 가지고 있는 것인데 결혼 전에는 혁진 씨가 긍정적인 면에 집중했다면 지금은 그 반대편인 부정적인 면에 집중하고 있는 것이죠.

그렇다면 혁진 씨의 결혼생활에서 중요한 것은 아내의 어떤 면을 바라보고 집중하느냐에 달려 있는 것 아닐까요? 지금과는 반대인 면, 즉 아내의 긍정적이고 밝은 부분에 집중한다면 결혼생활은 어떻게 달라질까요?

ONE POINT LESSON

무조건 네네 상자에 갇힌 사람이 일상의 모든 상황을 필터 없이 받아들이는 것은 아닙니다. 혁진 씨처럼 삶의 어떤 한 부분에서, 특히 자신의 신념이 크게 작용하고 있는 영역에 빠지기 쉽습니다. 혁진 씨는 '어머니나 누이들을 힘들게 하는 것은 옳지 않아!', '결혼은 가족 모든 구성원이 행복해야 해!'라는 신념이 있었습니다. 결혼 전에는 그러한 신념이 문제가 되지 않았지만, 결혼 후에는 기존에 가지고 있던 독단적인 신념만으로 가정을 이루려고 하면 결혼생활이 불행해집니다.

혁진 씨는 이런 신념을 고수하며, 어머니와 누이들의 생각과 판단을 그대로 받아들여 결혼생활을 파국으로 몰아가고 있습니다. 신념은 옳고 그름의 기준이 되고 결국 바라보는 방향을 설정하게 됩니다. 무엇을 바라보는지에 따라 세상에 대한 해석이 달라지고 사람과의 관계에 영향을 미치게 됩니다.

CASE 3

"어떤 사람이 돼야 할지 모르겠어요."

삶의 체험을 통한 통찰 없이 무조건 수용된 가치관은
자신의 것이 아닌 허상이다.
객관적인 사실을 명확하게 한 후에
자신의 생각과 의견을 정리해야 한다.

중학교 3학년인 정아는 최근 두 달 동안 식욕이 없고 밤에 잠도 자지 못해 6킬로그램이나 빠졌습니다. 그러다 보니 학교 가는 것도 싫고 친구들 만나는 것도 귀찮아하며 매사에 신경질적으로 행동합니다. 그동안 친구 관계도 좋고 크게 문제 없어 보였던 딸의 이러한 이상행동에 엄마는 불안하여 상담을 신청하였습니다.

상담자 정아가 최근에 가장 신경 쓰였던 것이 있다면 어떤 걸까?

정아 그냥 아무것도 하기 싫은데, 그렇다고 아무것도 안 하면 불안해요.

상담자 반드시 해야만 하는 것이 있니?

정아 뭐, 공부겠죠. 작년까지만 해도 수업시간에 집중도 잘했는데 언제부터인가 다 하기 싫고, 친구들과 이야기하는 것도 별로 재미도 없고….

상담자 자동차가 잘 달리고 있다가 갑자기 멈춰 서 있는 것 같네. 엔진에 문제가 생겼나? 아니면 타이어가 펑크가 났나? 왜 못 달리는 걸까?

정아 음… 자동차가 가야 할 방향을 잃은 것 같아요. 어디로 가야 할지….

상담자 아~ 자동차가 가야 할 방향이 원래 있었는데 길을 잃었구나? 그럼 그 자동차가 방향을 잃기 전에는 어땠는지 한번 이야기를 들어볼까?

정아는 호기심이 많아서 어릴 때부터 책도 많이 읽고 피아노, 요리, 스페인어 등 하고 싶고 배우고 싶은 것도 많았습니다. 한 가지를 오래 하진 않아도 이것저것 정보를 찾아보고 재미있겠다고 느끼면 부모님께 이야기해서 학원을 다니거나 흥미를 가지고 이것저것을 즐기는 아이였습니다. 이러한 성향의 정아를 보며 부모님은 '주도적인 아이'라고 생각하고 자기계발에 필요한 서적, 성공한 사람들의 자서전 등 많은 책을 읽고 일찌감치 자신의 길을 선택하길 기대했습니다.

또한 부모님이 보기에는 정아가 관심의 폭이 너무 넓어 하나를 끝맺음하지 못하는 것 같아 가급적 한 가지를 끈기 있게 하여 결과를 얻는 사람이 성공할 수 있다는 교훈을 주기 위한 대화를 자주 하게 되었습니다.

그러다가 정작 정아는 즐거워서 시작한 공부, 피아노, 외국어, 요리를 끝까지 하지 못하자 '나는 성공하기 어려운 사람이다!'라는 생각이 들었습니다. 그리고 다양한 사람의 성공방식이 담겨 있는 자기계발서나 위인들의 자서전을 무작정 많이 접했던 정아는 무조건 네네 상자에 갇혀 오히려 혼돈에 빠지게 되었습니다.

상담자 정아는 나이에 비해서 정말 많은 책을 읽었구나!

정아 네. 처음엔 호기심이 많아 책 읽는 것이 재미있었어요. 그런데 어느 날부터 성공에 관련된 사람들의 책을 읽으면서 '어, 뭐지? 다 다른 말을 하고 다 각자 다른 방향으로 살아가면서 이렇게 살아라, 저렇게 살아라'고 하고, 부모님은 책에서 답을 찾으라고 하는데 답은 없고, 읽을수록 해야 할 것들은 많고, 점점 미궁 속으로 빠지는 것 같았어요.

상담자 정아가 상상하는 성공한 사람은 어떤 사람일까?

정아   좋은 대학 나와서 모진 고생 끝에 자기 사업을 하거나 정치를 해서 이름도 알려지고 사람들의 존경을 받고, 어려운 사람한 테 기부도 하고, 으음… 가족들 잘 돌보고…. 그런데 고생하지 않고 성공하고 싶은데, 고생 안 하고 성공할 수는 없나요?

상담자   하하하! 정아가 읽은 책의 주인공들 스토리들을 다 합쳐 놓은 삶인 것 같다. 그런 인생을 살아야 한다고 생각했다면 선생님 같아도 벌써 밥도 안 넘어가고 고생할 생각에 걱정만 한가득 일 것 같은데? 그런데 정아는 무엇을 할 때 가장 신나니?

정아   제가 배우고 싶은 것을 부모님 눈치 안 보고 배울 때, 친구들과 토론할 때, 외국 사람과 외국어로 이야기할 때, 또 요즘은 인 테리어에 관심이 많아요. 방도 제 마음대로 바꿔보고 싶어요.

상담자   그런 정아가 자기계발서를 쓴다면 제목을 뭐라고 할까?

정아   '남 눈치 보지 말고 배우고 싶은 대로 자유롭게 배우고 즐겨 라'고 하면 어떨까요!

상담자   그럼 그 책의 저자도 성공한 사람이겠네? 자기다운 삶을 살았 을 테니까!

유아기부터 청소년기, 청년 시절, 중년, 그리고 죽기 전까지 우리는 자기에 대한 인식, 즉 '나는 어떤 사람인가'를 계속 발견해가고 찾아간다고 할 수 있습니다. 하지만 삶에서 겪어야 하는 다양한 경험을 하기 전에 너무 이른 나이부터 많은 정보와 훈육, 규범들에 무비판적으로 노출되면 오히려 무조건 네네 상자에 빠지게 됩니다. 그리고 내가 누구인지를 아는 것에도 방해가 될 수 있습니다. 정아가 생각하고 있던 '성공'은 책과 주변 사람들의 가치관으로 만들어진, 진정한 자기 자신이 빠져 있는 허상의 개념이었습니다.

만약에 정아가 그러한 '성공'적인 삶을 목표로 한다면 자신이 원하는 것이 무엇인지도 모른 채 가짜 인생을 살아가게 될 수도 있습니다. 하지만 정아는 자신이 어떻게 살면 가장 자기다운 삶을 살아갈 수 있는지, 무엇이 자신을 행복하게 하는지, 자신이 자기 삶의 주인이 되기를 바라는 지혜로운 친구였습니다.

정아는 하나에 깊게 몰입하기보다 넓고 다양한 분야에 관심이 많고 배우고 싶어 합니다. 이런 욕구들이 채워진다면 여러 지식을 응용하거나 종합하여 새롭고 혁신적인 방법을 고안해내고 문제를 해결해나가는 미래의 글로벌 리더로 성장하지 않을까요?

무조건 네네 상자에서
탈출하기

'평가된 판단'인지, '객관적 사실'인지 구별하기

'평가'는 무엇에 대해 좋고 나쁨, 가치가 있는지 없는지를 판단하는 것입니다. '평가'에는 관찰된 사실에 주관적인 생각과 의견 등이 추가됩니다. 따라서 평가는 각자의 믿음이나 자신의 마음에 따라 달라지기에 '평가'와 '사실'은 다릅니다.

그럼에도 우리는 자기 자신에 대해 평가된 타인의 이야기를 100퍼센트 있는 그대로 받아들여 곤란한 상황에 놓이게될 때가 있습니다. 따라서 무조건 네네 상자에 갇히지 않기위해서는 상대의 이야기가 그 사람의 가치와 좋고 나쁨의 판단에 의한 것인지, 아니면 관찰된 사실에 의한 것인지를 구별

할 필요가 있습니다.

예를 들면 'A팀의 영업실적이 오르지 않으니 곤란합니다'는 '객관적 사실'이지만 'A팀의 영업실적이 오르지 않는 것은 팀원들이 무능해서 그렇습니다'는 '평가된 판단'이 됩니다. 이렇게 '평가된 판단'이 주어질 경우, 그러한 판단의 근거가 무엇인지를 파악하고 비판 또는 분석해봄으로써 자기 스스로 판단을 내리는 주체적 결정자가 되어야 합니다.

제대로 이해되지 않았다면 결정하지 않기

무조건 네네 상자에 빠져 인간관계나 일에 있어서 힘겨워하는 사람 중에는 '묻지도 따지지도 않는' 특성을 가진 경우가 많습니다. 물론 상대를 신뢰하는 마음과 긍정적이고 순수함 때문에 의심하지 않고 받아들이는 면은 좋으나 삶의 방향성에 영향을 끼치거나 가치관에 거스르는 결정을 해야 할 때에는 이러한 마음들이 오히려 위기에 놓이게 될 때가 있습니다.

또한 자신보다 권위가 있는 사람 또는 전문가의 말을 맹신하여 의미를 파악하지 않고 무비판적으로 수용할 가능성도 있습니다. 따라서 '그것은 어떤 의미인가요?'라고 납득이 될 때까지 질문하거나, 자신과는 반대 성향인 사람으로부터 의

견을 들어봄으로써 좀 더 합리적이고 객관적인 시각을 지닐
수 있습니다.

자신이 원하는 것을 할 때와 타인의 말을 그대로 수용할 때, 무엇이 효과적인지 계산하기

무조건 네네 상자에 갇혀 타인의 말을 그대로 받아들이면
문제가 됩니다. 선택하고 결정하는 데 있어 타인의 말을 수용
했다고 하지만, 결과에 대한 책임은 자신의 삶에 흔적으로 남
기 때문에 누구의 탓도 할 수 없습니다. 또한 자신에게 필요
한 것은 타인보다는 자신이 제일 잘 알고 있습니다. 따라서
사람과의 관계나 일에 있어서 자신이 원하는 것을 하게 될 때
와 타인의 말을 그대로 수용하게 될 때를 따져봅니다. 장기적
인 관점에서 어느 쪽이 자신에게 효과적인지 손익계산을 해
보면 보다 지혜로운 선택을 할 수 있습니다.

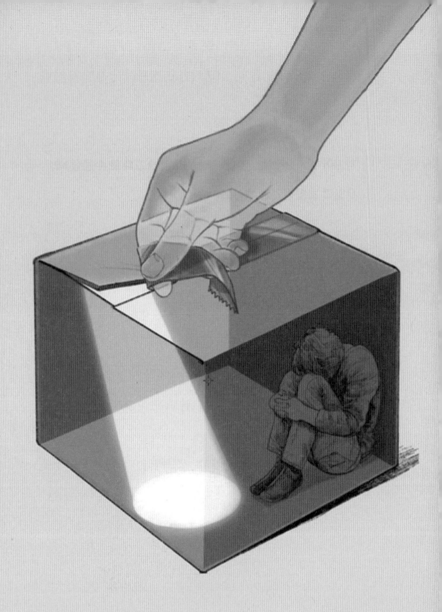

6장

과거 집착 상자

"과거의 힘들었던 기억에 괴로워하고
자책하며 살아가는 인생"

과거 집착 상자
열어보기

그때 공부를 열심히 했었어야 했는데….

그때 왜 당당하게 내 의견을 얘기하지 못했을까?

부모님 속만 썩이고 효도도 못 하고….

주식투자는 왜 했을까?

기획부동산에 속아 형편없는 땅을 사다니 내가 미쳤지!

그놈을 믿으면 안 됐었는데, 멍청하게 사기를 당하다니….

어제 술을 너무 많이 마셨어!

베풀면서 살았어야 했는데 너무 이기적이었어.

과거 집착 상자에 갇혀 있는 사람은 온통 후회스러운 '과거'에만 묶여 삽니다. 늘 괴로운 과거를 떠올리거나 돌아보며 우울한 기분이 계속됩니다.

인간은 누구나 후회스러운 과거가 있습니다. 기억하기조차도 싫은 장면이 영화의 한 장면처럼 흘러갑니다. 게다가 상자의 벽에 그 장면이 사진으로 투영되어 눈앞에 어른거립니다. 영상과 사진뿐만이 아닙니다. 과거에 들었던 불쾌한 말, 저주당한 듯한 말, 예리한 칼로 찔린 듯한 말을 상자 안에서 끝도 없이 재생하고 있는지도 모릅니다.

과거의 괴로운 영상을 보고 과거와 같은 고통스러운 시간을 며칠, 몇 달, 몇 년을 반복하게 되면, 상자 안에는 새로운 정보가 점점 없어지게 됩니다. 결국에는 마치 시간이 멈춘 것과 같은 상태가 됩니다.

과거 집착 상자에 갇히면 과거에 끌려가기 때문에 다음과 같은 상태가 됩니다.

1. 떠오르는 과거는 트러블과 고통뿐….
2. 과거에 끌려가기 때문에 좀처럼 빠져나올 수가 없습니다.
3. 경험하지 못한 새로운 것을 극단적으로 두려워합니다.

나를 점검해보기

아래의 체크 리스트로 점검해보기 바랍니다.

4~5개를 체크했다면 과거 집착 상자에 갇혀 있을 가능성이 크다고 볼 수 있습니다. 3개는 약간 위험한 상태입니다.

1~2개는 비교적 안심할 수 있지만 심해지지 않도록 주의해야 합니다.

[체크 리스트]

☐ '그때 내가 왜 그랬을까?'라는 후회를 자주 한다.

☐ 새로운 일을 하려고 할 때, 과거의 실패가 떠올라 주저하게 된다.

☐ 멍한 상태로 쓸데없는 망상에 빠지는 경우가 많다.

☐ 지금까지 경험하지 않았던 일을 하는 것은 두려워 선뜻 나서지 못한다.

☐ 대인관계에서 늘 자신감이 없고 소극적인 경향이 있다.

과거 집착 상자
들여다보기

　기억하고 싶지 않은 사람임에도 몇 번씩이나 불쑥불쑥 생각나고, 그때마다 다시 힘든 감정에 반복적으로 빠져든다면 과거에 매여 있는 상태라고 할 수 있습니다. 과거 집착 상자에 갇혀 있는 사람 중에는 한 가지의 기억을 평생 동안 간직하고 죽을 때까지 자신은 '불행한 사람', 또는 '피해자'라는 생각으로 살아갑니다.

　과거에 있었던 사실은 어딘가에 보관되어 있는 것이 아니라 우리들의 '머릿속'에 있습니다. 다시 말하면 과거의 기억을 끌어내어 다시 생각하고 느끼고 경험하는 것은 자신의 선택과 의지에 달려 있습니다. 우리의 뇌는 시상에서 시각, 청각,

운동감각 등을 받아들여 변연계limbic system(대뇌피질과 뇌량 그리고 시상하부 사이의 경계에 위치한 부위로 감정, 행동, 동기부여, 기억, 후각 등의 여러 가지 기능을 담당)로 보냅니다. 그리고 이 종합된 정보를 변연계에서 감정과 합성하여 좋은 기억, 나쁜 기억 등으로 분류하여 저장합니다.

이렇게 머릿속에 저장되는 기억은 의도적으로 영상이나 음성으로 각색할 수 있습니다. 예를 들면 비디오 캠으로 찍은 영상을 배경음악과 그래픽 처리를 어떻게 하느냐에 따라 전혀 다른 느낌의 영상으로 바뀌는 것과 마찬가지입니다. 따라서 당신이 과거에 겪었던 괴로운 기억이 있다면, 그 기분 나쁜 과거의 기억을 유머러스하게 바꾸는 것으로 상처가 경감됩니다.

CASE 1

"나에게 창피를 주었던 그 선생님의 얼굴이 잊히지 않아요!"

치욕스럽고 괴로운 과거의 기억이 그때 그 시간으로 끌고 간다.
괴롭고 힘든 장면을 가볍게 변화시키는 '마술사'가 되어보자!

경미 씨는 고등학교 시절 수업시간에 수학 선생님께 받은 상처가 아직도 잊히지 않습니다. 또래에 비해 덩치가 컸던 경미 씨의 교복 상의를 수학 선생님이 입어보며 "나한테도 큰데?"라고 하며 웃자 반 아이들도 함께 웃었던 기억이 20년이 지난 지금까지도 경미 씨를 괴롭힙니다. 그 당시에는 장난이라고 넘겼지만 TV에 고등학교 시절을 떠올리는 영상을 보거나 그 시절 친구들과 만나면 그 상황이 어제 일어난 것처럼 경험되어 수치심을 느낍니다.

상담자 그때 그 선생님의 어떤 모습이 떠오르나요?

경미 교실 중간에 서서 제 교복 상의를 입고 웃으며 저를 쳐다보는 얼굴이요. 그때 저는 의자에 앉아 아무 일도 아니라는 듯이 웃고 있어요.

상담자 어떤 소리도 들리나요?

경미 교실 안에서 친구들이 키득거리는 웃음소리요.

상담자 그때 그 장면은 밝은가요?

경미 네, 교실 형광등의 밝기요.

상담자 그 장면에서 특징적인 것이 혹시 기억나나요? 교실 벽의 장식이나, 색깔 등….

경미   으음… 교실 중간에 난로가 있었고, 창가에 화분들이 드문드문 있었어요.

상담자   그 장면은 따뜻한가요, 아니면 차가운가요?

경미   따뜻한 느낌이 들어요.

상담자   좀 힘들 수 있겠지만, 그 장면을 재연 영상처럼 한번 생생하게 떠올려볼까요?

경미   네. (잠시 눈을 감고 생각에 잠긴다.)

상담자   지금 어떤 기분이 드나요?

경미   기분이 나쁘고 창피해요. 화나고, 어디로 숨어버리고 싶은 기분이에요.

상담자   그렇군요. 그럼 이제 '비주얼 스위시' 기법을 사용해서 그 재연 영상을 새롭게 편집해보려고 하는데요. 경미 씨 눈앞에 있는 그 영상 안에 선생님을 우스꽝스러운 모습으로 바꿔보려고 해요. 자! 경미 씨가 마음껏 선생님의 모습을 바꿔볼래요?

경미   선생님이 얼굴은 그대로인데 반지의 제왕의 골룸으로 변했어요. 머리카락도 몇 가닥 없고, 듬성듬성한 이빨을 보이며 웃는데 이빨도 다 까매요. 애들을 가르치는데 헬륨가스를 마신 듯한 목소리예요.

상담자   칠판 앞에서 서 있는 골룸 수학 선생님의 모습이네요. 지금 웃음이 나온 것 같은데, 기분은 어떤가요?

경미 아! 진짜 웃겨요. 선생님이 골룸에 헬륨가스 목소리라니….

상담자 처음 선생님을 떠올릴 때와 지금과는 어떻게 차이가 있나요?

경미 처음 제 교복을 입고 저를 쳐다볼 때는 정말 증오스럽고 왠지 주눅 들고 창피한 느낌이었어요. 제가 불쌍한 아이가 된 듯했는데, 신기하게도 우스꽝스럽게 선생님 모습을 바꾸니 제가 마술사가 된 느낌이에요. 이젠 선생님을 어떠한 모습으로라도 변형시키고 바꿀 수 있다고 생각하니 통쾌하고 속 시원한 느낌이 들어요.

상담자 마술사가 된 느낌이라니… 이젠 선생님이 떠오를 때마다 경미 씨가 원하는 모습으로 바꿀 수 있을 것 같은데요?

경미: 네. (웃음)

과거의 괴롭고 불쾌한 상태로 기억된 이미지를 '비주얼 스위시Visual Swish(심리치료 기법 중 시각을 활용하여 체험이나 행동을 교체하는 방법)' 기법을 사용하여 자신이 원하는 상태의 이미지로 교체하면 힘든 기억이 가볍게 바뀔 수 있습니다.

우리는 '지금'을 살기보다는 과거의 후회나 죄책감, 아픔, 또는 앞으로 해야 할 일이나 미래에 대한 염려로 더 많은 시간을 보낸다고 해도 과언이 아닙니다. 특히 과거의 경험은 현재의 나에게 어떠한 영향을 줄 수 있을지는 몰라도 지금의 나를 행복하게 하거나 불행하게 하는 절대적인 원인이 되지 못합니다. 그 이유는 우리는 매일 아침부터 저녁까지 수많은 선택을 하면서 살고 있고, 그 선택은 '과거의 내'가 아닌 '현재의 내'가 하기 때문입니다.

버스를 타고 직장에 갈 것인가, 택시를 타고 갈 것인가? 파란색 티를 입을 것인가, 노란색 티를 입을 것인가? 남편을 미워하고 말을 걸지 말 것인가, 이해해보려고 노력할 것인가? 나를 화나게 한 친구를 용서할 것인가, 관계를 끊을 것인가?

물론 이러한 모든 선택과 결정에는 삶의 경험과 감정, 이성, 가치관 등 복잡미묘한 요인들이 작용하지만 그래도 최종 결정은 현재의 자신이지 과거의 자신이 아닙니다.

다시 말하면 현재 자신의 행복과 정서적 안정을 선택하고 결정하는 것은 현재를 살고 있는 자기 자신에게 달려 있다는 것입니다.

경미 씨는 과거 수학 선생님의 행동에 상처를 받았고, 그 장면이 떠오를 때마다 당시의 수치감과 모멸감을 재경험했습니다. 그러다 보니 고등학교 친구들로부터 연락 오는 것도 불편했습니다.

예전 과거의 기억이 심술궂게 경미 씨를 휘어잡아 그 당시로 다시 돌아가게 만들어 현재의 삶을 방해했습니다. 하지만 경미 씨는 불편한 기억을 새롭게 바꿀 수 있는 '마술사'가 되어 과거에 얽매이지 않고 스스로를 통제하는 힘을 발휘하게 되었습니다.

"남편이 있는 집에 들어가기 싫어요."

나를 학대하던 남편을 용서할 수 없어요!
새로운 것을 시작하여 희망이 생기면 과거의 고통은 희석된다.

어느 날 한 초밥 가게를 지나가는데 갑자기 생선 비린내가 코를 찌르더니 잊고 있었던 기억이 떠올랐습니다. 20대 일본 유학 시절 초밥 가게에서 힘들게 아르바이트를 했던 그때의 기억이 떠올라 우울한 기분이 되었습니다.

내년에 70세가 되는 순옥 할머니는 한집에 사는 남편을 대할 때면 예전에 자신에게 물건을 던지거나 폭력을 휘두르고, 무서운 시어머니와 시댁 식구들이 자신을 무시했던 모습이 떠오릅니다. 거의 50년이 지난 지금도 그때 장면이 생생하고, 남편이 아직도 자신을 종 부리듯 하는 것이 힘듭니다. 그렇다고 용기 있게 소리를 지르거나 거절하지도 못하는 자신이 너무나 바보같이 느껴진다고 합니다.

자식들을 위해서 참고 살아왔는데 "아빠도 힘이 약해졌고 엄마한테 잘하려고 노력하니 용서하세요!"라고 말을 하는 자식들이 오히려 괘씸할 따름입니다.

그러면서 순옥 할머니는 남편과 한집에 있으면 과거 남편의 모습이 떠올라 긴장되고 무섭고, 목소리도 듣고 싶지 않아 둘째 딸 집으로 손주를 봐주러 다녔습니다. 그러다가 둘째 딸이 집에서 살림을 하게 되면서 더 이상 손주를 돌봐줄 필요가 없어졌고, 갈 곳이 없어져 이리저리 밖으로 돌고 있습니다.

그런 자신이 불쌍하지만 그렇다고 집에서 남편과 함께 있는 것은 싫고, 저녁이 되어 집에 들어갈 시간이 되면 점점 가슴이 막히고 다시 긴장된다고 합니다. 그러면서 '이대로 더 이상 살아 뭐하나?'라는 생각에 우울감이 너무 깊어진 상태가 되었습니다.

상담자 밖으로 다니신다고 했는데 주로 어디를 가세요?

순옥 그냥 발길 닿는 대로 다녀요. 역 주변도 가고, 공원도 가고….

상담자 역 주변에 가시면 어떤 것들이 눈에 들어오던가요?

순옥 그냥 앉아 있는 사람도 있고, 장사하는 사람들도 있고….

상담자 혹시 기억에 남는 사람이 있나요?

순옥 어떤 아줌마가 머리부터 발끝까지 보라색으로 치장했더라고요. 어이없게도 그렇게 다니는 사람이 있더라고요. 그리고 야채를 파는 사람이 있는데 별로 싱싱하지 않았던 것 같아요.

상담자 공원에서는 어떤 것들이 눈에 들어왔나요?

순옥 제가 수선화를 좋아하는데 공원에 수선화가 많이 있었어요. 그게 가장 먼저 보이더라고요. 그리고 다람쥐가 여러 마리 보여서 놀랐네요.

상담자 그러셨군요. 어머니 눈에 들어왔던 것들이 저도 궁금한데요. 혹시 내일부터 바깥을 다니실 때 어머니가 보시는 것 중에 무엇이라도 좋으니 휴대폰으로 사진을 찍어서 가져오시겠어요? 저도 어머니가 보신 것을 함께 보고 싶어요. 사진은 많이 찍어 오실수록 좋아요.

다음번 상담에 순옥 할머니는 집에서 나오는 길목과 역 주변, 공원에서 특히 눈에 들어오는 것들을 사진으로 담아왔습니다. 그리고 그 사진 중에 마음에 드는 5장을 골라 제목을 붙이고, 왜 그 제목을 지었는지에 대해 이야기했습니다. 할머니가 찍어오는 사진들은 할머니의 마음과 시선을 그대로 담고 있었습니다.

할머니는 상담하러 올 때마다 사진을 찍어왔고 주변을 관찰하고 사진을 찍으며 새로운 것을 발견하는 일에 재미를 느끼기 시작했습니다.

한 달 정도 지난 뒤 그동안 찍은 사진 중 20장을 선별하여 제목을 달고 인쇄하여 사진집처럼 만들어 드렸습니다. 그 사진집을 받아든 할머니는 갑자기 눈물을 흘렸습니다. 지금껏 할머니는 남편과 시댁 식구, 자식들을 위해서만 살았지 이렇게 자신만을 위해서 편하고 즐겁게 무언가를 해본 적이 없었기 때문입니다.

그래서 살다 보니 재미있는 것도 생겨서 좋았는데 그동안 찍은 사진들이 이렇게 멋진 사진집으로 받아볼 수 있다는 것이 그저 놀랍고 기뻤던 것입니다.

과거 집착 상자에 빠져 있던 순옥 할머니는 지금까지 남편을 보면 과거의 고통스러웠던 기억을 다시 떠올리곤 했습니다. 그래서 남편에게서 도망치듯 집 밖으로 나와 거리를 배회하며 자신의 삶을 한탄해왔습니다. 하지만 이제는 '도망치며 거리를 배회하며 보냈던 시간'이 '즐겁고 흥미로운 나만의 시간'으로 그 의미가 바뀌었습니다.

순옥 할머니는 남편을 대할 때 아직 무서움도 있고 긴장도 하며 여전히 편하지는 않습니다. 하지만 무엇보다 새로운 관

심사가 생겼습니다. 과거 집착 상자에 갇혀 있던 순옥 할머니
는 이젠 세상의 아름다운 것들을 사진에 담으려는 희망으로
방향을 바꾸기 시작했습니다.

ONE POINT LESSON

　과거 집착 상자에 빠진 사람들은 몸 어딘가에 '과거의
기억을 떠올려 괴로워하고 아파하기' 기능을 하는 '과거 소
환 버튼'이 있는 것 같습니다. 바쁜 일이 지나고 시간적으
로 여유가 생기면 "이러고 있으면 안 되지! 그 버튼이 어디
있지?"라고 '과거 소환 버튼'을 부지런히 찾아 누릅니다. 그
리고 마치 의무처럼 과거의 기억을 떠올려 고통스러워하
고 억울해하며 후회하기를 반복합니다.

　물론 본인도 원하지 않겠지만, 이러한 기억을 잊기 위
해 때로는 술을 마시거나 자극적인 일을 하지만 그럴수록
자책만 늘고 상황이 악화되기만 합니다. 이러한 과거 집착
상자에서 빠져나오기 위해서는 자신을 괴로움에 빠지게
하는 '과거 소환 버튼'을 누르는 대신 다른 곳으로 시각과

마음을 돌리는 '전환 버튼'을 눌러야 합니다.

우리는 눈앞에 있는 것을 보고 있지만, 마음이 다른 곳에 있다면 눈앞에 있는 물건의 색이나 질감, 모양 등을 구체적으로 보지 못합니다. 아이들이 그저 모래나 흙만 가지고도 하루 종일 재미있게 놀 수 있는 것은 흙을 파고 만지고, 그 안에 기어다니는 벌레를 보며 신기해하고 관찰하고 다시 흙을 파면서 시각과 마음을 그곳에 집중하기 때문입니다.

무심코 지나쳤던 골목길의 모습, 어제보다 한층 짙어진 길가의 나뭇잎, 그리고 오늘은 어떤 구름 그림이 하늘에 그려져 있는지 등 그동안 보았지만 보이지 않았던 것들에 눈을 뜨게 될 때 더 이상 '과거 소환 버튼'을 누르는 것에 관심이 없어지게 됩니다.

"불효자는 웁니다."

과거의 어두운 기억을 기준으로
자신을 평가하고 집착하는 모습을 보인다.
긍정적인 문장을 만들어
부정적인 감정에 대처한다.

경상도 시골 산골에서 자라나 작은 음식점을 운영하고 있는 50대 중반의 태욱 씨는 명절만 되면 늘 우울해집니다. 최근에는 만사가 힘들고 코로나로 경영이 더 어려워져서 그런지 술을 자주 마시게 되면서 부부싸움도 더욱 잦아졌습니다. 힘든 상황에서도 두 자녀 모두 대학을 졸업시키고 지금은 직장에 다니면서 함께 살고 있습니다.

저녁에 일을 마치고 술을 마시면 심하게 통증을 느낄 만큼 가슴이 답답해지고, 자다가도 숨이 막혀 일어나 꼬박 밤을 새우기도 합니다. 가까운 신경정신과에 가니 가벼운 우울 증세라고 약을 처방해주어서 복용하는데 증상은 계속되어 늘 불안한 상태로 지내고 있습니다.

태욱   늘 가슴이 답답하고 불안합니다. 어머니 기일이 설 명절에 있어 더욱 그렇습니다.

상담자   선생님의 증상이 어머니 기일과 관계가 있다고 생각하시는 것처럼 들리네요.

태욱   그냥 어머니 기일이 돌아오면 생전에 효도하지 못했다는 자책감이 들어요. 그때 왜 그런 말을 해서 속상하게 해드렸을까? 좋아하시는 여행도 한번 제대로 못 시켜드리고 등등 이런 생각이 들면서 후회와 죄책감이 반복되면서 두통이 생기다가 가슴 답답해져요.

상담자   평소에는 지낼만 하신가요?

태욱   예, 그렇게 심하지는 않았지만 제가 반드시 성공해서 어머님에게 효도를 해야 한다는 생각에 밤잠도 못 자고 열심히 일해 왔는데 어머니에게 여전히 죄를 짓고 있는 것 같습니다. 어머니의 소원대로 성공하지 못했고, 지금도 실패할까 봐 몹시 두렵고 죄송하다는 생각이 가득합니다.

상담자   어머니에 대한 마음이 아직 큰 슬픔으로 자리 잡고 있으시네요. 어머니는 어떤 분이셨나요? 혹시 생전의 모습 중에 가장 기억에 남는 모습이 있을까요?

태욱   항상 곱게 머리를 단장하고 계셨어요. 암으로 아프셨는데도 어쩌다 어머니에게 가면 티도 안 내시고 제 걱정만 하셨어요.

상담자 지금 태욱 씨 앞에 있는 의자에 어머니가 앉아 계신다고 생각
하고 머리 모양과 표정, 말투, 자주 입으셨던 옷 등을 떠올려
보시겠어요? 자, 눈앞에 어머니가 앉아 계십니다. 어떤 느낌
이 드시나요?

태욱 아, 말을 잘 못하겠어요. 그냥 마음이 아파요.

상담자 그럼 태욱 씨의 몸과 그 기분을 그 의자에 둔 채로 제3자 위치
로 나와 봐주세요. 태욱 씨와 어머니가 서로 앉아 있는 모습을
제3자의 입장에서 바라봐주세요. 어머니는 태욱 씨를 어떻게
바라보고 계시나요? 표정이나 눈빛, 몸짓이나….

태욱 그냥 편안하게 바라보고 계세요. 몸은 좀 앞으로 제 쪽으로 숙
이시고, 슬픈 눈빛이시긴 한데…. 그래도 저를 보시고 웃으시
는 것 같아요.

상담자 그럼 이번에는 어머니의 의자에 앉아서 어머니 안으로 들어
가 볼까요. 어머니의 의자에 앉아서 앞에 있는 태욱 씨를 바라
보세요.

(어머니 의자에 앉는 태욱) 태욱 씨를 바라보는 어머니는 지
금 태욱 씨에게 무슨 말을 하고 싶으실까요?

태욱 으음, 미안하다고… 그리 열심히 안 해도 된다고…. (눈물)

상담자 혹시 생전에 어머니가 말씀은 안 하셨지만, 태욱 씨에게 꼭 해 주고 싶은 말이 있다면 무엇일까요?

태욱 "태욱아, 너가 엄마 많이 걱정하고 있는 거 다 안다. 네가 있어 서 엄마는 행복했단다. 아프지 말고 더 이상 울지 말고 너만 행복하게 잘 살면 엄마는 그것으로 충분하다"고….

상담자 이젠 어머니 의자에서 일어나 다시 제3자 위치로 나와서 서 보세요. 크게 심호흡을 합니다. 이젠 태욱 씨 의자에 다시 앉 으시겠어요?

(자신의 의자에 앉는 태욱) 어머니의 말을 듣고 지금은 어떤 기분이 드시나요? 몸의 변화도 있다면 말씀해주세요.

태욱 사실 처음에는 그냥 가슴이 꽉 막히고 숨쉬기가 힘들었어요. 어머니를 바라보면 힘들 것 같았는데, 제3자 위치에서 어머 니를 보니 편해 보였어요. 지금은 고통이 없는 듯 편하게 저를 바라보고 계시는 어머니를 보면서 다행이라는 마음이 들었어 요. 그리고 저에게 전하고 싶은 말이… 네, 다 맞아요. 제 어머 니라면 지금 저에게 그 말을 하고 싶으셨을 거예요. 제가 이렇 게 죄책감에 빠져 몸을 망쳐가며 힘들게 사는 것은 바라지 않 으실 것입니다. 지금은 무언가 가슴에서 무거웠던 것이 쑥 빠 져나간 느낌이 들어요.

많은 사람이 부모나 가족의 상실에 대하여 죄책감을 지닌 채 평생을 살아갑니다. 대부분이 결혼을 하고 자녀를 낳고 살아가면서 과거의 아픈 기억들이 점차 치유됩니다. 그러나 우리의 잠재의식 속에 여전히 과거에서 벗어나지 못하고 죄책감에 묶여 심리적 압박이나 고통 속에서 힘들어하는 사람들이 있습니다.

태욱 씨는 완벽하고 도덕적이며 자신의 한계를 잘 인정하지 않는 성향을 보입니다. 그러다 보니 모든 일에 열심이지만 항상 부족하다고 느끼며, 긍정적이고 밝은 기억보다는 과거의 어두운 기억을 기준으로 자신을 평가하고 집착하는 모습을 보입니다.

이런 경우에는 '어머니가 차마 다 말하지 못한 이야기 중에 어떤 말을 꼭 전하고 싶으셨을까?'를 떠올려 보고 몇 가지 문장을 카드나 종이에 적어 지갑에 넣고 다니거나 눈에 보이는 곳에 붙여놓는 것도 좋은 방법입니다. 예를 들면 '태욱이가 있어서 엄마는 행복했다'라거나 '우리 태욱이 지금도 충분히 잘하고 있으니까 더 열심히 안 해도 된단다' 등등 이러한 어머니의 진심 어린 마음을 읽을 수 있는 말을 '문장'으로 적어서 부정적 생각이나 감정에 대처한다면 점점 죄책감으로부터 빠져나올 수 있습니다.

CASE 4

"무능한 남편이 원망스러워요."

이루지 못한 꿈 때문에 분노가 들끓고 원망이 가득하다.
자신이 진정 원하는 것을 알게 되면, 어디로 가야 할지가 보인다.

최근 급등하는 부동산과 주식으로 인해 부부 사이가 나빠진 사례입니다. 상실감으로 서로를 원망하며 갈등을 겪고 있습니다. 이로 인해 우울감에 빠져 있는 아내가 상담실을 찾아왔습니다.

상담자 어서 오세요. 오시느라 수고 많았습니다.

민지 가슴이 답답하고 화가 나서 참을 수가 없어 상담하러 왔어요.

상담자 어떤 일로 힘이 드는지요?

민지 남편이 무능력하고 도저히 성격이 맞지 않아 살 수 없어 이혼도 생각하고 있어요. 저희 부부는 결혼 8년 차인데 지금 6살 아들이 있고요. 남편의 우유부단한 성격이 저하고는 도저히 맞지 않아 모든 일이 제대로 되는 적이 없어요. 하는 일마다 꼬여요. 집 문제만 해도 제가 앞으로 부동산이 오르니 빚을 내서라도 사자고 졸랐는데 남편은 언론에서 집값이 내린다고, 자기 정보가 정확하다고 끝까지 우겨서 기다리다 보니 집 없는 셋방살이를 하고 있어요.

상담자 아이와 함께 살아야 할 내 집이 없어서 걱정되시겠어요.

민지 제가 어릴 때 셋방살이를 했거든요. 그때 너무 힘들었어요. 집 없는 설움을 너무나도 많이 경험해서 결혼할 때는 집 있는 사람과 결혼해야겠다고 결심했어요. 그런데 어찌 만나다 보니 남편이 집은 없었지만, 직장에 다니고 젊었을 때라 저도 맞벌이하면 집을 살 수 있겠다고 생각해서 열심히 노력했는데⋯. 작년 초에 불안해서 남편과 제가 저축한 것과 대출을 받아 집을 사려고 했는데 남편이 빚이 많으면 불안하다고 거부했어요. 그래도 집을 사면 오를 것이라고 생각해서 우기다가 끝내 남편 말을 들은 것이 후회가 돼서 잠이 오질 않아요. 퇴근해서 들어오는 남편 얼굴만 보면 화가 나고 가슴이 답답해져서 울화가 치밀어 오릅니다. 어린 시절 내 꿈은 내 집을 갖는 거였어요. 그런데 남편 말만 듣고 기다렸는데, 결과가 비참하네요.

상담자 남편에게 화가 난 이유가 집을 사지 못한 것 때문인가요?

민지 아니요. 그것 외에도 시어머니와 시누이와의 관계에서 수동적이고 우유부단한 남편의 성격 때문에 내 인생이 망가지고 있다는 생각이 들어요. 남편 얼굴을 볼 때마다 화가 나서 꼴도 보기 싫어요. 집을 사기 위해 그동안 생활비 아끼느라 궁상을 떤 것 같아 나 자신이 미워지기도 합니다. 콩나물값 몇 푼 아껴서 뭘 하겠어요. 시기를 놓친 것이 한이 되네요.

민지 씨는 자신의 평생 꿈인 집을 갖는 것에 대해 남편이 도무지 도움도 안 되고, 오히려 무능한 남편 때문에 꿈을 이루고 있지 못하고 있다고 한탄하고 있습니다. 하지만 정말 민지 씨의 깊은 갈망은 자신의 이름으로 된 집을 얻는 것일까요?

상담자 민지 씨가 그토록 원하는 집을 구매하게 되었다고 한번 상상해볼까요? 그 집에 들어가면 가장 먼저 눈에 보이는 것이 무엇일까요?

민지 아, 넓은 거실과 탁 트인 베란다, 음… 그리고 침실 여러 개….
갑자기 상상하려니 잘 떠오르지 않네요.

상담자 그러면 그 공간에 있는 가족들의 모습은 어떤가요? 민지 씨가
그토록 그리던 집에서 민지 씨와 남편은 어떤 모습이고, 무엇
을 하고 있을까요?

민지 식탁에 마주 앉아 맥주 한잔을 마시며 서로 이야기하고 있을
것 같아요.

상담자 어떤 이야기를 나누고 있나요?

민지 결혼 전에는 서로 영화 이야기도 많이 하고, 특히 둘 다 워낙
시사 정보에 관심이 많아 이런저런 잡다한 시사 이야기를 나
누고 있을 것 같아요.

상담자 그렇게 이야기를 나누고 있는 부부의 표정은 어떨까요?

민지 글쎄요. 친구처럼 편하고, 웃다가 또 이야기하다가… 여자친
구들과 수다 떠는 것처럼 화제가 끊이지 않는… 예전에는 그
랬어요. 시시껄렁한 이야기도 많이 하고….

상담자 그런 부부의 모습을 상상해보니 어떤 생각이 드나요?

민지 지금은 낯설지만, 사실 예전에는 그랬는데…. 그동안 우리 부
부가 잃어버린 모습인 것 같아요. 사실 남편이 제 편만 들어주

길 바랐던 것 같아요. 어려운 시절에 만난 남편은 저에게 희망을 주었고, 이젠 혼자가 아니라 같이 한마음으로 그 무엇이라도 이룰 수 있다는 용기가 생겼었는데…

상담자 그러면 남편이 민지 씨의 편이라는 것, 그리고 남편도 민지 씨의 꿈과 계획을 함께 갖고 있다는 것을 알게 된다면 집을 사는 것은 조금 늦추어도 괜찮을까요?

민지 뭐, 그렇죠. 집이야 어차피 시간이 되면 구입하게 될 것이고요. 남편이 어느 누구보다 저를 우선시해주고 신경 써주고 있다고 느낀다면 예전 같은 희망이 생길 수 있을 것 같아요.

> **ONE POINT LESSON**
>
> 우리에게 가장 가까이 있지만 가장 알기 힘든 것이 자신의 마음입니다.
>
> 민지 씨는 자신이 화가 나는 것은 남편의 무능함과 자신의 꿈인 집을 마련하지 못했다는 것이었습니다. 하지만 더 깊은 속마음을 들여다보니 사실은 남편과 함께하며 친밀감을 느끼고 싶어 했습니다.

7가지 마음상자 이야기

자신이 진정 원하는 것을 알게 되면, 그다음에 무엇을 해야 할지가 보이고 그것에 집중하게 됩니다.

숲을 지나다가 길이 보이지 않아 어디로 가야 할지 모르게 되면 불안하여 자꾸 뒤를 돌아보게 됩니다. 그리고 후회와 함께 누가 잘못했는지를 찾아 처벌하고 싶은 마음에 범인 찾기가 시작됩니다. 지금 자신의 탓 또는 타인의 탓을 하며 과거에 집착하고 있다면 현재 어디로 가야 할지 몰라 혼란스럽다는 증거입니다.

그러니 자신에게 물어보세요. 정말 자신이 원하고 바라는 것이 무엇인지를….

과거 집착 상자에서
탈출하기

어느 날 운동을 하다가 심하게 다리를 다쳐 수술을 하고 재활치료를 하고 있다고 생각해봅시다. 처음에는 힘들고 아프고 괴롭지만 점차 시간이 지나면서 나아지고 통증이 사라지면 사고 순간을 떠올리며 괴로워할 필요가 없겠지요. 하지만 계속 상태가 안 좋고 통증이 지속된다면 과거 그날을 두고두고 후회하게 됩니다. 다시 말하면 현재 나의 상태가 내가 원하고 바라던 상태라면 과거의 일은 불행이 아닌 단지 지나간 과거일 뿐 다시 떠올릴 필요조차 없게 됩니다.

미래를 위해 도움이 되는 작은 일 시작하기

과거의 후회와 죄책감은 현재를 고통스럽게 하고, 미래까지 불안하게 만듭니다. 하지만 미래에 대한 긍정적인 확신이 없더라도 오늘 미래를 위해 필요한 행동을 충실히 해내고 있다면 과거의 후회도 미래의 불안도 우리를 구속하지 못합니다.

과거의 사고로 다친 다리에 다시 통증을 느끼게 될 때 '그때 왜 거기에 갔을까? 앞으로 못 걷게 되면 어떡하지?'라는 생각이 든다면, 바로 상처 부위를 회복시킬 만한 운동이나 재활을 시작하는 것이 좋습니다. 과거의 수치스러웠던 경험이 떠오를 때 '그때 그 행동을 안 했더라면 좋았을 텐데, 지금 생각해도 너무 창피해!'라는 생각이 든다면, 미래의 당당한 자신의 모습을 위해 지금 바로 자기계발을 위한 공부를 하면 됩니다.

이 외에도 반복하여 과거의 어떤 순간이나 죄책감이 떠오를 때마다 그것에 긍정적으로 대처할 수 있는 행동을 하는 것이 바람직합니다.

'○○한 때문에' 대신 '○○한 덕분에'로 생각 습관 바꾸기

어차피 과거는 잊을 수도 없고 바꿀 수도 없습니다. 그렇다면 우리가 할 수 있는 일은 그 일에 대한 '해석'을 바꾸어주는 것뿐입니다. 예를 들면 '남자 친구가 배신하여 너무 큰 상처를 받았고, 지금도 그것 때문에 괴롭다' 대신에 '남자친구가 배신한 덕분에 지금의 좋은 남자친구를 만나게 되었다.' '수능 시험 때 몸이 아팠던 탓에 시험을 망쳐 좋은 학교에 입학하지 못했다' 대신에 '수능 시험 때 몸이 아팠던 덕분에 지금의 학교에 들어와서 더욱 열심히 학교를 다녔고, 그런 좌절의 시간을 통해 더 성숙해지는 계기가 되었다.' '부모님이 이혼한 가정에서 자란 탓에 결혼에 대한 불안감으로 결혼하기가 두렵다' 대신에 '부모님이 이혼한 가정에서 자란 덕분에 부모님께 의존하기보다는 일찍 독립심이 생겼고, 결혼에서 무엇이 중요한 것인지 알게 되었다.'

우리의 뇌는 내가 사용하는 방향대로 변화되는 신경가소성 Neural plasticity(우리의 경험이 신경계의 기능적 및 구조적 변형을 일으키는 형상)이 있습니다. 이렇게 생각의 해석을 계속 바꿔줄수록 과거를 떨쳐내고 삶의 활력을 만들어갈 수 있습니다.

꽉 쥔 손을 펴고 자신의 과거를 놓아주기

영어로 집착grip은 꽉 붙잡고 움켜쥔다는 뜻을 가지고 있습니다. 여기서 움켜쥐고 있는 것은 사실 자신에게 해가 되는 것도 모르고 그것이 자신에게 옳고 좋은 것이라고 속고 있기 때문에 계속 붙잡고 있는 것입니다.

과거의 자신과 상황에 더 이상 화내지 말고 이젠 손을 펴서 놓아주세요. 그 집착이 오히려 당신의 팔과 다리, 머리, 몸 전체를 상하게 하고 있을 뿐입니다. '용서'는 다시 말하면 '놓아주는 것'입니다.

햇빛이 비치는 시냇물을 떠올려보세요. 물 흐르는 소리도 들어보세요. 그리고 졸졸 흘러가는 시냇물에 지금까지 손에 쥐고 있던 과거들을 흘려보내세요. 점점 멀리 사라져가는 과거를 바라보세요. 이젠 홀가분함과 자유로움이 당신의 삶을 이끌게 될 것입니다.

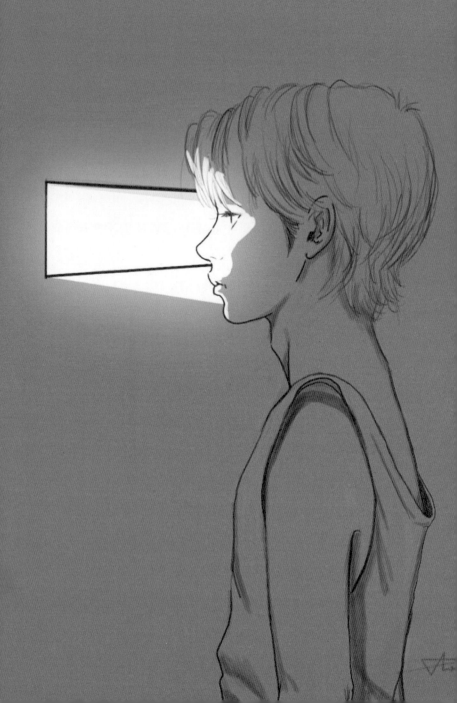

7장

무한 생각 상자

"너무 생각에만 집중한 나머지 행동은 하지 못하는 상태로
기본적으로 폐쇄된 세계에 갇혀
생각만 무한히 반복하는 상태"

무한 생각 상자
열어보기

이 상자에 갇히게 되면 머릿속으로 생각만 하기 때문에 점점 살아 있는 인간으로서의 감각을 잃습니다. 오감을 사용하여 보고, 듣고, 맛보고, 냄새를 맡고, 감촉을 느끼는 등의 신체 감각을 막는 장벽이 나 자신과 주위 환경 사이에 존재합니다.

어떤 사람은 컴퓨터를 이용할지도 모릅니다. 컴퓨터가 있으면 자신의 오감을 동원하지 않아도 정보를 얻을 수 있습니다. 하지만 인터넷을 활용하여 일반인들과 같은 정보만 수집할 수 있습니다. 그러나 그런 상태로는 폐해가 많습니다.

몸과 마음은 데이터만으로 움직이지 않기 때문입니다. 데이터로 '벚.꽃.이.피.기.시.작.했.네.요.봄.이.왔.어.요.'라고 뇌에

한 글자씩 정보를 보내는 것과 실제 산책을 하면서 벚꽃을 보고 아름다움을 느끼고 즐기는 것과는 마음과 몸에 미치는 영향이 전혀 다릅니다. 감각의 디지털화에 의해 오감의 기능이 저하되고 서서히 살아 있다는 생동감을 잃게 됩니다.

생각을 많이 할수록 '정답'에서 멀어지는 것이 현실입니다. 대수롭지 않은 일이나 작은 트러블 때문에 생각이 많아지고 우울한 기분이 됩니다. 이럴 때, 사람은 너무 생각이 많아서 오히려 움직이지 못하는 '무한 생각 상자'에 갇히게 됩니다.

'생각'만으로는 진정한 해결책을 찾을 수 없습니다. 해결의 실마리는 실제 감각인 '오감'입니다. 일반적으로 사람들은 어린 시절, "더 깊게 생각해보렴!"이라는 얘기를 부모나 선생님으로부터 들은 경험이 많을 것입니다. 하지만 깊게 생각해봤지만, 결국 잘 몰랐던 경우가 대부분입니다.

우리는 '계속 생각을 하면 좋은 아이디어가 떠오른다'라고 생각하는 경향이 있습니다. 그렇기 때문에 어떤 고민이나 장애를 만나면, 가능한 한 많은 지식과 정보를 머리에 넣고 심사숙고하면서 열심히 극복하려고 합니다.

'마음'에 관한 문제는 생각만으로 해결되지 않습니다. 그 이유는 간단합니다. 여러분은 심장박동을 의도적으로 빠르게 할 수 있나요? 뇌에서 어떤 생각을 하면 심장박동이 빨라지나요?

단지 생각만으로 심장박동을 빠르게 하기는 대단히 어렵습니다. 그러나 100미터를 전속력으로 달리면 숨이 차고 땀이 나고 심장박동이 빨라집니다. 매운 청양고추를 입에 넣고 씹으면 너무나도 매워서 온몸에 땀이 나고 심장박동이 빨라집니다. 즉 무엇인가 자극이 되는 행동을 하면 심장박동이 빨라지지만, 생각만으로는 어렵습니다.

마음도 이런 의미에서는 심장과 비슷합니다. 마음을 변화시키려고 '상쾌한 기분'이라는 정보를 아무리 열심히 찾아보아도 기본적으로 상쾌해지지 않습니다. 하지만 예를 들어 춤을 추면 기분이 좋아질 가능성이 있습니다. 또는 아로마 향을 맡으면 기분이 상쾌해질 수도 있습니다.

중요한 것은 생각과 지식이나 정보가 아니라 오감입니다. 멋진 경치를 보면 마음이 움직입니다. 귀여운 강아지나 아름다운 그림을 볼 때도 마음이 움직입니다. 클래식 음악이나 신나는 록 음악을 들으면 역시 기분이 변화합니다.

주위 사람들과 대화를 나눔으로써 편안함을 느낄 수도 있습니다. '마음'에게 '변해라!'고 지시해도 변하지 않지만, 이렇게 시각이나 청각 등의 오감을 사용하면 마음의 상태를 변화시킬 수 있습니다.

너무 생각만 많이 하는 무한 생각 상자에 갇혀 있을 때에는 '정보를 모아 생각하는' 것이 아니라 '오감을 사용한다'는 것에 초점을 맞추면 효과가 큽니다. 그렇게 되면 이 '상자'에서 손쉽게 빠져나올 수도 있습니다.

나를 점검해보기

아래의 체크 리스트로 점검해보기 바랍니다.

4~5개를 체크했다면 무한 생각 상자에 갇혀 있을 가능성이 크

다고 볼 수 있습니다.

3개는 약간 위험한 상태입니다.

1~2개는 비교적 안심할 수 있지만 심해지지 않도록 주의해야

합니다.

[체크 리스트]

☐ 늘 정보를 모으고 조사하기만 한다.

☐ 무언가 좋은 방법이 있을 것이라는 생각에 기발한 방법론
  만 생각한다.

☐ 주위 사람들에게 집착하고 고집스럽다는 평을 자주 듣는다.

☐ 실천할 용기가 없어 늘 주저하고, 또다시 생각에 빠진다.

☐ 오감에 민감하지 못하다(아름다운 경치나 음악을 즐기지 못하
  고, 미각이나 향기에 둔하며, 감촉을 잘 느끼지 못한다).

무한 생각 상자
들여다보기

'자기 자신이 왜 태어났는가?'라는 생각이 문득 들었는데, 그 생각이 좀처럼 떠나지 않아 힘들었던 경험이 있으셨나요? 그러고 나서 '나는 삶의 의미가 없으니 죽는 것이 낫겠어! 사라져 버리고 싶어!'라고 극단적인 생각을 했던 경험은 없으신지요? 이것은 '무한 생각 상자'에 갇히게 되었을 때 생기는 현상입니다.

"내 삶은 의미도 가치도 없어!"

왜 태어났는지, 어떻게 살아야 할지에 대한 끊임없는 고민
인생의 의미는 살아가는 동안 체험하면서 발견된다.

최근에 무기력감이 들어 '혹시 예전에 겪었던 우울증이 다시 찾아왔나?' 하는 두려운 마음에 상담실을 찾은 옥주 씨. 30대 초반인 옥주 씨는 20대 때 심한 우울증으로 아무것도 못하고 그저 누워 있기만 했던 시기가 있었습니다. 그렇기 때문에 자신의 존재가 의미가 없다고 느끼는 기분을 잘 이해합니다. 1년 내내 그 누구도 만나지 않은 은둔형 외톨이 생활을 했었기 때문에, 당시 옥주 씨는 살아야 할 의미를 전혀 느끼지 못했습니다.

상담자 혹시 우울에 빠지기 전에 뭔가 특별한 기억이 있으신가요?

옥주 음… 그 조금 전에 태국 여행을 간 적이 있었어요. 현지에 친구가 있어서 안내해준다고 해서 방학 동안 1개월을 계획하고 갔었는데, 무슨 급한 일이 생겼는지 현지에 도착했는데 연락

이 되지 않은 거예요.

상담자 놀라셨겠네요. 연락도 안 되고 해서….

옥주 그렇죠. 그 친구만 믿고 간 건데요. 나중에 안 사실인데 가족들과 같이 교통사고를 당해서 연락을 할 수 없는 상황이었더라고요.

상담자 그럼 그 낯선 곳에서 어떻게 지내셨나요?

옥주 당황했지만 어쩔 수 없이 현지에서 겨우 숙소를 정하고 2~3일 지냈어요. 계속 친구하고 연락이 안 되니 숙소 안에만 있을 수도 없어서 숙소 주인과 친해지게 되었고 야시장 포장마차 아저씨하고도 친하게 되었어요.

상담자 예측하지 못한 일들이 일어났네요?

옥주 그렇죠. 처음에는 별로 외출도 하지 않고 하루 종일 방에만 있는 제가 딱해 보였는지 숙소 주인이 유명한 관광지를 알려주었어요. 그래서 관광지를 돌아보면서 점점 방콕 거리에 익숙해졌고, 여기저기 다녔어요. 그렇게 관광하다가 한국어가 능숙한 태국인을 만나 같이 다니면서 1개월간 많은 체험을 했어요. 귀중한 체험이 되었고 친구도 사귈 수 있어서 귀국할 때에는 의미 있는 여행이었다고 생각했죠.

삶의 의미를 찾고 있던 옥주 씨는 현재의 삶 속에서 직면했던 의외의 체험을 통해 '의미 있는 여행'이라는 챕터 한 부분을 인생 자서전에 적어 넣을 수 있게 되었습니다. 우리는 '인생이 의미가 있는 것일까?'라는 생각을 하곤 합니다. 그런 생각이 너무 지나쳐 '무한 생각 상자'에 갇히게 되면 '나보다 훨씬 의미 있게 태어난 사람이 있을 거야!', '내 삶은 별로 의미가 없는 것 같아! 차라리 죽는 게 더 나을 거야!'라고 필요 이상으로 '의미'를 생각하게 됩니다.

이러한 '무한 생각 상자'에 갇혀버린 사람에게는 보이지 않는 사실이 있습니다. '사람이 태어날 때 그 사람에게 인생의 의미가 명확하게 부여되는가?'라는 것입니다. 성경의 비유에 따르면 세상에는 금 그릇, 은 그릇, 질 그릇, 나무 그릇이 있다고 합니다. 중요한 것은 그 그릇이 무엇으로 만들어졌는지가 아니라 그 그릇에 무엇을 담는지, 어떻게 사용되는지가 중요하다고 합니다. 우리가 나 자신에게 질문할 것은 내가 태어난 의미가 무엇인지보다 나는 내 삶을 어떻게 살아내고 싶은지입니다. 이러한 질문을 통해 내 삶에 의미를 부여하고 자신만의 방식으로 열정적인 인생을 살아갈 수 있습니다.

일본인들이 가장 존경하는 인물로 실질적이 근대화를 이끈 사카모토 료마도 10대에는 공부를 너무 못해서 다녔던 일본식 서당(塾, 주쿠)에서 퇴학당했습니다. 병법을 배웠지만 겁이 많아 소년들끼리의 전쟁놀이에서도 늘 울보였다고 합니다.

16세가 되었을 때 료마는 일본 전통 시로 '세상 사람들이 나를 비웃어도 나는 내 갈 길을 간다'라는 글을 쓰고 나서부터 조금씩 자신의 길을 발견하고 인생의 의미를 찾아가기 시작하였습니다. 료마뿐만이 아니라 많은 위인이 고민하고 헤매고 깊은 수렁을 헤쳐 나가면서 인생의 의미를 발견했다는 것을 알 수 있습니다.

인생의 의미는 살아가는 동안에 발견되는 것입니다. 실패를 통하여 인생의 의미를 깨닫는 사람도 있습니다. 어린아이들과 교류하다가 뭔가 깨닫는 사람도 있습니다. 중요한 것은 생각이 아니라 체험하는 것입니다. 그래도 불안한 사람은 인생의 스승을 찾아보시기를 추천합니다.

처음에는 스승을 따라가다가 나중에 스스로 인생의 의미를 깨닫는 것도 좋은 방법입니다. 그 스승의 길을 따라가다 보면 점점 의미가 보이고, 당신만의 오리지널 인생이 될 것입니다.

CASE 2

"우울증이기 때문에 쉽게 피곤해져요."

우울하다는 생각이 우울증이라는 함정에 점점 더 빠지게 한다.
긍정적인 자기 암시를 통하여 우울의 터널에서 빠져나올 수 있다.

우리가 평소 무의식적으로 사용하는 말 중에 '암시 효과'가 강한 말이 있습니다. 그런 말은 사용하기에 따라 자기 자신에게 약이 되기도 하고 독이 되기도 합니다. '암시 효과'가 강한 말을 잘 사용하면, 그것이 좋은 약이 되어 자기 자신을 잘 컨트롤할 수 있게 되고 만족감을 갖게 됩니다.

반대로 자신에게 마이너스 영향을 주는 말을 누군가에게

듣거나 스스로 나쁜 말을 자신에게 반복하면, 어느 시점부터는 그런 말들이 자기 자신을 컨트롤하기 시작하여 결국 자기에게 독이 됩니다.

태욱 씨는 최근 왠지 기분이 계속 가라앉고 아침에 눈을 뜨면 회사에 출근해야 한다는 생각에 가슴이 먹먹하고 답답해졌습니다. 그래서 회사 근처에 있는 신경정신과에 가서 진료를 받았다고 합니다. 의사에게 우울증 진단을 받았고 약 처방도 받아 복용하기 시작했는데 왠지 더 피곤해지고 기분이 다운되는 것 같다고 상담실을 찾았습니다.

상담자 주로 어떤 생각이 기분을 더 나쁘게 하나요?

태욱 글쎄요. '나는 우울증에 걸렸어!'라는 생각이 자주 떠오르면서 그때마다 왠지 더 우울한 기분이 들고, 나만 빼고 다들 행복해 보이는 것 같아요.

상담자 우울증에 걸리는 것이 어떤 것이라고 생각하나요?

태욱 인터넷으로 우울증을 검색해보니 우울증 증상은 만사가 귀찮아지고, 에너지도 없어지고 심각해지면 자살하고 싶은 마음도 들게 한다고 써 있더라고요. 저도 점점 그렇게 되고 있는 것 같아요.

상담자 태욱 씨! 한번 눈을 감아보시고 제 말을 따라 해보시겠어요? 오른팔에 집중해보세요. 오른팔이 점점 따뜻해집니다. 오른 팔에 계속 집중하세요. 오른팔이 점점 따뜻해지면서 살짝 열 이 나기 시작해요. 오른팔에 더 집중하세요. 오른팔이 점점 뜨 거워져요. 오른팔이 뜨거워지면서 온몸이 점점 더워지기 시 작해요.

(한참 후) 이젠 눈을 떠보세요. 어떠셨나요?

태욱 진짜 오른팔이 뜨거워지더니 몸이 더워졌어요. 땀이 날 것 같 이….

상담자 네. 이게 바로 '암시 효과'예요. 내가 한곳에 집중하여 그렇다 고 강하게 생각하면 그 생각이 사실인 것처럼 뇌가 믿으면서 실제로 그렇게 몸이 반응하는 거죠. 지금 태욱 씨도 인터넷에 서 우울증을 검색해보고 '나는 우울증이기 때문에 만사가 귀 찮다'라고 머리에 입력하니 암시 효과가 나타나면서 진짜로 만사가 귀찮아지게 되는 것이에요.

ONE POINT LESSON

우리는 '○○이기(하기) 때문에 ○○이다'라는 말을 자주 합니다. 예를 들면 '나는 산간오지 출신이기 때문에 수영을 잘 못 합니다', '당신은 물병자리이기 때문에 오늘 좋은 일이 있을 겁니다.' 이 두 문장을 가볍게 읽으면 그냥 끄덕끄덕 동의하기 쉽습니다.

그러나 다시 한번 잘 생각해보기 바랍니다. 산간오지 출신이 수영을 잘 못 한다고 주장하기는 어렵습니다. 또한 물병자리인 사람 모두가 오늘 좋은 일이 있을지 어떨지는 알 수 없습니다.

그러면 왜 이 두 문장이 그럴듯하게 느껴질까요? 그것은 '암시 효과' 때문입니다.

'A이기 때문에 B'라고 하는 문장은 '암시 효과'에 의하여 A가 사실이기 때문에 B도 마치 사실인 것처럼 느껴지는 것입니다. 산간오지 출신이 사실이라면 '그렇기 때문에', '암시 효과'에 의하여 수영을 잘 못 한다는 것이 사실처럼 들리는 것입니다. 그 사람이 물병자리라면 '그렇기 때문에', '암시 효과'에 의하여 오늘 하루 좋은 일이 있을 것이라고 믿게 되는 것입니다.

'점'에는 크게 2가지 종류가 있습니다.

통계학이나 초능력으로 미래를 예측하는 점과 '암시 효과'에 의한 점입니다. 전자는 맞는지 틀리는지 판단이 서지 않지만, 후자는 단지 '암시 효과'를 활용하는 엉터리입니다.

생일이 3월인 사람에게 '당신은 3월 출생이기 때문에 금년에는 힘든 일이 생길 것입니다'라고 얘기하면 3월 출생과 금년의 어떤 고난과 아무런 인과관계가 없음에도 불구하고 '무한 생각 상자'에 갇히게 되어 사람들은 '그렇구나!' 하고 쉽게 믿어버리는 경향이 있습니다. 그럴 정도로 이 '○○이기(하기) 때문에'에는 강력한 '암시 효과'가 있습니다.

'A이기 때문에 B'라고 하는 문장은 '당신은 내 얘기를 듣기 때문에 점점 릴랙스 상태가 됩니다'라는 등의 최면유도에도 활용됩니다. 마음의 병이 있는 사람은 자기도 모르는 사이에 스스로 마이너스 효과가 있는 암시를 걸고 있습니다. 그렇기 때문에 이 암시 효과를 긍정적으로 활용하는 것이 좋습니다. '나는 우울증이기 때문에 인생에 필요한 많은 경험을 할 수 있어 좋다'라고 말이죠.

"직장을 옮겨야 할지 어떨지 판단이 안 서요."

인생의 중요한 결정을 스스로 하지 못한다.
선택한 길을 믿고 희망과 목표, 자신의 꿈을 향해
살아가는 것이 중요하다.

고민 때문에 괴로운 상태가 지속하면, 누구라도 '빨리 고민에서 해방되고 싶다!'라는 생각을 하게 됩니다. 그러나 고민을 해결하는 것이 아니라 고민에서 '해방되고 싶다'라는 생각이 강해지면 생각이 너무 많아지는 '무한 생각 상자'에 빠지게 됩니다.

너무 생각이 많아 '무한 생각 상자'에 갇혀 있는 사람들의 특징 중 하나는 '분기점'이라는 생각에 얽매이기 쉽다는 것입니다. '인생의 분기점'이라는 생각에 얽매이면, 제자리걸음 하기가 쉽습니다.

인생의 분기점에서 어떤 선택을 해야 할 때, 우리는 여러 조건을 생각하기 쉽습니다. 그리고 '어떤 것이 좋을까?'라고 생각하기 시작하면, 그 생각에 너무 골몰하여 '무한 생각 상자' 안에 갇히게 됩니다.

'어떤 선택안이 옳지?'라고 하는 것 외에는 보이지 않게 됩니다. 그 순간, 선택의 옳고 그름만이 머리에 가득하여 '잘된다면 어떤 느낌이 될까?' 또는 '무엇이 보이는가?'라는 것을 생각해볼 수 없게 됩니다.

제약회사의 연구부서에 근무하는 35세의 남성 용희 씨도 인생의 분기점에서 고민하고 있었습니다. 현재의 직장은 익숙한 환경과 친숙한 동료들과 일을 함께하여 좋기는 한데 앞으로 자신의 커리어를 생각하면 그다지 발전이 없을 것 같아 이직을 해야 할지 어떨지를 결정하지 못하고 있습니다. 이직하려는 회사는 새로운 기회이기도 하지만, 실패하면 직장을 잃을 위험이 있습니다. 또한 이직 후에는 당연히 현재 회사로 복직할 수도 없습니다.

상담자 이직했는데, '아~ 이전 직장이 좋았어!'라고 후회할 일이 생긴 다면 어떨 것 같으세요?

용희 새 직장에 적응하는 것이 어려워질 것 같네요. 그런 후회가 생기면….

상담자 그럼 그래서 실패했다고 생각해보시죠. 어떤 기분이 들까요?

용희 그러면 이직을 안 하는 것이 좋을 것이라고 생각하겠지요.

상담자 그러면 현재 회사에 남아서 내년에도 일을 계속한다고 가정 해보지요. 내년 어떤 시점에서 '아~ 그때 이직했었어야 하는 데…'라는 후회가 생긴다면 어떨 것 같으세요?

용희 역시 괴로울 것 같습니다. 후회를 하니까요.

상담자 그래요. 그래서 결국 현 직장에서 잘 안 풀리고 실패했다고 생 각해보세요. 그러면 기분이 어떨 것 같습니까?

용희 역시 이직하는 편이 좋았을 것이라고 생각하겠지요. 으음… 어떤 선택을 해도 다 고민이라는 얘기가 되네요?

이런 대화를 해보면, 어떤 선택을 하더라도 실패한다는 결론에 이르게 됩니다. 그러나 실은 '어떤 선택이 옳은가?'라고 생각하면서 사는 것 자체가 문제입니다. '어느 쪽이 옳은 선택인가?'가 아니라 '앞으로 어떤 인생을 살고 싶은가? 어떤 사람이 되고 싶은가?'가 중요한 것입니다. 그래서 시점을 과거에서 미래로 전환해보았습니다.

상담자 그러면 새 직장에서 희망을 가지고 일을 하여 성공한다면 어떨 것 같은가요?

용희 이직하기 잘했다고 생각할 것 같습니다.

상담자 그럼 마찬가지로 현 직장에서 희망을 가지고 일하여 성공한다면 어떨 것 같습니까?

용희 그러면 이직 안 하길 잘했다고 생각하겠지요.

상담자 그렇습니다. 잘 생각해보세요. 중요한 것이 '이직할 것이냐, 안 할 것이냐'인가요?

용희 음~ 아니네요. 중요한 것은 이직 여부가 아니라 미래지향적으로 선택하느냐, 과거 지향적으로 선택하느냐인 것 같습니다. 어느 한쪽에 미련을 남기고 선택하면 후회하게 될 것 같습니다. 미래지향적으로 선택하면 '역시 잘했다!'라고 생각하게 될 것 같고요.

상담자 그렇죠? 자, 그러면 어떻게 할까요?

용희 이직하겠습니다!

'무한 생각 상자'에 얽매이지 않고 잘 살아가는 사람들은 분기점에서 어떤 선택을 해야 할지 고민하지 않습니다. 선택한 길을 믿고 절대로 뒤돌아보지 말고 선택한 길 앞에 있는 희망과 목표, 자신의 꿈을 향해 열심히 살아가는 것이 중요합니다. 자신의 선택을 믿고 열심히 살다가 성공하면 베스트이고, 혹시 실패하더라도 열심히 살아가는 사람은 실패의 원인이 분기점 탓이라고 생각하지 않습니다.

인생은 디지털적인 데이터가 모인 것이 아니라 아날로그적인 체험이 모여진 것입니다. 그렇게 생각한다면 '인생의 분기점'이 있다고 생각하는 자체가 단순한 환상에 지나지 않을까 싶습니다.

물론 인생의 진로를 선택해야 할 순간이 있습니다. 그때 자신의 선택이 최선이라는 사실을 잊지 말아야 합니다.

"직장 상사와 같이 있으면 멘탈이 무너져버려요."

타인에게 자주 부정당하는 경우,
자신의 지나친 성실함이 원인일 수도 있다.
마음 회복의 특효약은 '고민만 할 것'이 아니라
'잘 관찰하는 것'이다.

사람이 고민에 빠지는 조건은 '생각'으로부터 시작됩니다. 생각하지 않고 고민에 빠지는 것은 불가능합니다.

'다른 사람에게 비난을 받거나 불쾌한 일이 생기면, 그것을 수용하고 잘 생각해보아야 한다'라고 늘 생각하는 사람은 아주 자연스럽게 자신에 대한 비난을 수용합니다. 그리고 그것에 관한 사건을 회상하면서 반성하기도 하고, 때로는 괴로운 감정에 빠지기도 합니다. 성실하게 수용하여 과잉 반응하면 자신만 괴롭히는 결과가 되는 경우도 있습니다. 성실한 사람일수록 이런 경향이 강합니다.

20대의 영업직인 지욱 씨, 근무 중에는 늘 상사와 둘이 거래처를 방문합니다. 그런데 상사는 "자네가 영업을 잘할 수 있을 것 같지 않아 걱정이야!"라는 말을 자주 한다고 합니다. 지욱 씨처럼 지속적으로 누군가에게 자신이 부정당하면 '나는 정말 쓸모없는 인간인가 봐!'라고 자책하기 쉬워집니다. 최근에는 상사와 같이 거래처를 방문하기 위해 승용차에 타기만 해도 멘탈이 무너지는 경험을 한다고 합니다.

지욱 씨와 같은 성향을 가진 사람이 이런 곤란한 상태에서 탈출할 수 있는 간단한 방법이 있습니다. '대화 내용'이 아닌 '말하는 상대인 인물의 상황'에 초점을 맞추는 것입니다. 그것은 관찰입니다.

상담자 제가 지금부터 어떤 이야기를 해드릴게요. 그 얘기를 하는 중에 제가 눈을 몇 번이나 깜빡이는지 세어보시기 바랍니다. 옛날 옛적 어느 마을에 나무꾼이 살았습니다. 어느 날 그 나무꾼이…. (상담자가 선녀와 나무꾼 얘기를 합니다.) 자아, 지금까지 제가 눈을 몇 번 깜빡였나요?

지욱 으음… 어렵네요. 57번이었나?

상담자 그러면 제가 얘기한 동화 내용 중 어느 부분이 인상적이었나요?

지욱 내용에 집중하지 못하고 들었네요. 그래서 인상적인 부분을 말씀드리기 어려워요.

상담자 그럼 상사가 불만을 얘기할 때 1분에 몇 번 정도 눈을 깜빡이던가요?

지욱 음~ 그런 거는 세어보지 않아 모릅니다.

상담자 그렇죠. 일반적으로 그런 걸 세는 사람은 없을 겁니다. 다음번에 상담받으러 오실 때, 상사가 지욱 씨를 비난하면서 1분간 평균 몇 번이나 눈을 깜빡이는지 세어오시기 바랍니다. 그리고 상사의 시선 방향과 1분 동안 호흡을 몇 번이나 하는지도 체크해보시기 바랍니다.

'눈의 움직임을 관찰한다'라고 하는 것은 지나치게 성실하여 무엇이든 수용하는 경향이 있는 사람이 무한 생각 상자에 갇히지 않는 좋은 방법입니다. 사람은 무엇인가를 '관찰'하는 것과 '사고(생각)'하는 것을 동시에 할 수 없습니다. 즉 관찰하는 동안에는 무한 생각 상자에서 탈출할 수 있습니다.

일주일 후, 지욱 씨가 상담하기 위해 방문하였습니다.

지욱 세어보니 눈 깜빡임은 32번 정도였고, 시선은 위를 보는 경향이 있으며 호흡은 평균 20번 정도였습니다.

상담자 와! 대단하십니다. 잘 관찰하셨네요.

지욱 네. 처음에는 잘 안 되었는데 계속 시도해보니 잘 관찰할 수 있었습니다.

상담자 그런데 최근에는 상사가 지욱 씨에게 어떤 불만을 얘기하던 가요?

지욱 네? 아~ 그게… 관찰하면서 세다 보니 상사 얘기가 귀에 잘 들어오지 않아서 기억이 안 나네요.

상담자 그래도 얘기 주제는 기억하시지요?.

지욱 네. 개요는 대충 기억나고 맞장구도 쳤지만, 상세하게는 기억 나지 않습니다.

그 후에도 지욱 씨는 상사와의 영업 동행 시 상사를 관찰하게 되었습니다. 관찰하다 보니 상사가 흥분하면 귀가 빨개지기도 하고 콧구멍이 조금 벌렁거리기도 한다는 사실도 알게 되었습니다. 이렇게 지욱 씨는 상사의 잔소리에 스트레스를 받지 않는 방법을 터득하게 되었습니다.

저자는 상담 중에 내담자와 콩 주머니를 던져 주고받기 하기도 합니다. 그리고 내담자가 콩 주머니 주고받기에 집중하고 있을 때 이런 질문을 합니다.

"지금도 우울하신가요?"

그러면 내담자는 이렇게 대답합니다.

"지금은 그런 생각을 할 틈도 없습니다."

고민의 해결이 '많이 생각하는 것'이 아니라는 것을 알게 되면, 단순하게 눈 깜빡임을 세는 것만으로도 스트레스에 대처할 수 있습니다.

'관찰'은 '무한 생각 상자'에서 탈출하는 특효약입니다. '많이 생각하는 것'이 아니라 '잘 보는 것'이 마음의 문제를 해결하는 데 더 효과가 있습니다.

무한 생각 상자에서
탈출하기

'행복의 기준'도 '낙담의 기준'도 결정하는 것은 자기 자신

일상생활의 아주 작은 일에도 쉽게 낙담하는 사람이 있습니다. 이런 사람에게 "어떤 일이 생긴다면 기분이 좋을까요?"라고 물으면, "제 생일에 친구들이 집 근처의 멋진 프랑스 레스토랑에서 서프라이즈 파티를 해주면 좋겠고요. 꽃다발을 받고, 모든 친구가 진정으로 내 생일을 축하해준다면 그날은 틀림없이 최고의 날이 될 거예요!"라고 대답할지도 모릅니다.

매일 괴롭다고 생각하는 사람의 행복 기준은 이렇게 매우 높은 데 반하여 낙담하는 기준은 아주 사소한 일입니다. 무한 생각 상자에 빠지게 되면 낙담하는 기준 설정을 낮게 하기 쉽

고, 따라서 낙담할 일이 거의 매일 발생하여 행복한 순간은
사라져 버리게 됩니다.

행복감이 큰 사람들의 말하는 습관에는 다음과 같은 공통
된 어휘를 사용합니다.

"오늘은 날씨가 좋아서~"

"그래도 더 나빠지지 않아서~"

"그래도 다행인 것은~"

행복의 기준을 사소한 일로 바꿀 때 소중한 것들이 보이기
시작합니다.

생각하기보다는 우선 몸으로 실천해보기

두뇌 회전이 빠른 사람들이 무한 생각 상자에 빠지는 경우
가 많습니다. 생각을 많이 하고, 그 생각 이상으로 자신이 처
해 있는 상황을 잘 분석합니다. 그런데도 해결 방법을 찾을
수 없으니 점점 궁지에 몰리면서 내 인생은 여기서 끝이라고
생각하게 되는 것입니다.

지금 고민하고 있는 문제를 생각만 하고 한 걸음도 행동으
로 옮기지 못하면, 좁은 반경 내에서 다람쥐 쳇바퀴 돌 듯 제
자리걸음만 하게 될 것입니다.

언제나 자기 중심의 좁은 원 안에서 빠져나오지 못하고 생각만 하면서 '이건 무리야! 난 못 해!'라고 머릿속으로만 시뮬레이션만 하는 것입니다. 그렇기 때문에 좁은 반경 내에서 생각만 하다가 무한 생각 상자에 갇히게 되면 '할 수 있다'라는 희망보다는 불가능한 이유만 나열하게 됩니다.

그래서 자신의 귀에 들리도록 '그만!'이라고 단호하게 소리치고 무한반복 상자에서 빠져나옵니다. 그리고 손쉽게 할 수 있는 실현 가능한 작은 일을 시도해봅니다.

무한 생각 상자에 빠지게 되는 상황과 장소에서 벗어나기

끝이 없는 생각을 무한 반복하게 되는 상황이나 장소를 자세히 살펴보면, 혼자 있거나 잠이 들기 전 침대에서 뒤척이며 있을 때가 많습니다. 다시 말하면 무한 생각 상자가 어떤 상황이나 장소에서 더 활성화되는지를 알아차리게 된다면 가급적 그런 상황과 장소의 조건을 만들지 않을 수 있습니다.

생각을 멈추기보다 상황을 바꾸거나 장소를 이동하는 것이 더 쉬운 일입니다. 특히 불면증에 시달리는 사람들을 보면 잠자기 직전에 자리에 누운 채로 하루에 일어났던 여러 일을 생각하면서 어떻게 해결해야 할지 고민합니다. 아니면 안 좋았던 감정이 다시 떠오르면서 생각이 끊이질 않아 더욱 잠이 들지 못하게 됩니다. 불면증에 시달릴 때 한 예로 잠시 책 읽어주는 앱을 이용해 이어폰으로 들으면서 무한 생각 상자에 갇히는 조건을 바꿔보는 것도 효과적입니다.

◆

에필로그

　최근 몇 년 사이에 인간의 심리나 뇌과학 같은 분야에 관심이 많아졌고 그와 관련된 무수히 많은 책과 방송, 유튜브 콘텐츠 등이 쏟아지고 있습니다. 워라밸을 추구하고 살지만 우리는 물질적 풍요로움과 여가 생활만으로는 왠지 마음의 평안함까지 채울 수 없는 것을 느끼며 인간의 '심리', 나의 '심리'를 아는 것에 초점이 맞춰져 있습니다.

　7가지 상자에 갇혀 있는 사람들이 잊고 있는 것은 그 상자에 들어가기 전의 자신의 모습입니다. 사람들의 심리적 문제 해결에 있어서 많은 경우가 어릴 적 상처, 부모와의 관계에 원인을 두는 부분에 초점이 맞추어져 왔습니다. 물론 우리가 태어나서 마주하는 가정, 부모가 주는 환경과 대인관계, 직장

등이 우리에게 여러 영향을 줄 수 있지만 주어진 환경에서만 원인을 찾으려 하고 탓하고만 있다면 자신이 가지고 태어난 무한한 잠재력과 가능성을 간과할 수 있습니다.

7가지 상자에 갇혀 상담실을 찾는 사람에게 저자들은 그 상자에 갇히기 전의 모습을 찾아 원래 자신의 모습이 어떠했는지를 발견하는 데 집중하도록 돕습니다.

오른쪽 발가락을 다쳐서 온 환자에게 의사는 다른 환자의 발가락과 비교하지 않을 것입니다. 의사는 환자의 건강한 왼쪽 발가락과 비교하여 오른쪽 발가락의 문제를 진단하고 치료할 것입니다.

마찬가지로 지금 힘겨운 시기를 겪고 있다면 상자에 갇히기 전의 자신을 기억해내고 상자에서 벗어난 모습을 그려봅니다. 그리고 정말 자신이 살아가고 싶은 삶의 방향을 발견하고 나아갈 때 비로소 7가지 상자에서 벗어날 수 있다는 것이 이 책에서 전하고 싶은 메시지입니다.

'나는 무엇에 가슴이 뛰었었지? 어떤 사람으로 살아가고 싶은 거지?' 무언가 해보고 싶은 의욕이 있었던 때를 떠올리거나 아무런 제약이 없다면 무엇에 도전해보고 싶고, 어떤 미래의 삶을 꿈꿀지를 경험하게 합니다. 그러한 경험은 소망을 심게 하고 용기를 피어나게 하여 어느새 상자 밖으로 나와 원하는 삶의 방향으로 나아가고 있는 자신을 발견하게 됩니다. 또한 우리는 누구나 자신을 사랑하고 싶고, 나아가서 다른 사람들 또는 내가 살아가는 사회와 조직에 도움이 되는 사람이 되길 바랍니다.

《7가지 마음상자 이야기》가 그러한 당신의 꿈을 꽃피우는 따사로운 햇살이 되길 소망합니다.

공저자 일동

7가지 마음상자 이야기

우울한 마음에서 벗어나게 하는 심리학

초판 1쇄 인쇄 2023년 6월 27일
초판 1쇄 발행 2023년 7월 4일

지은이 박수희·이원재·정종식

책임편집 정은아
디자인 박은진
일러스트 김하나·이혜림
마케팅 총괄 임동건
마케팅 지원 안보라
경영 지원 이순미

펴낸이 송준기
펴낸 곳 파지트
출판 등록 제2021-000049호
제작 지원 플랜비디자인

주소 경기도 화성시 동탄원천로 354-28
전화 070-7672-1001 **팩스** 02-2179-8994
이메일 pazit.book@gmail.com

ISBN 979-11-92381-70-1 03180